APPLICATION D'UNE MÉTHODE DÉDUCTIVE

donnant une grande FACILITÉ D'ASSIMILATION

avec de NOMBREUX TABLEAUX RÉSUMÉS

AIDE-MÉMOIRE ADMINISTRATIF

des

Formations Automobiles

« Rendre agréable une étude généralement aride pour les débutants.....
» Tel a été notre but en écrivant ce livre. »

LES AUTEURS.

PARIS
Henri CHARLES-LAVAUZELLE
Éditeur militaire
124, Boulevard Saint-Germain, 124
(MÊME MAISON A LIMOGES)

1918

AIDE-MÉMOIRE ADMINISTRATIF
des
Formations Automobiles

APPLICATION D'UNE MÉTHODE DÉDUCTIVE

donnant une grande FACILITÉ D'ASSIMILATION

avec de NOMBREUX TABLEAUX RÉSUMÉS

AIDE-MÉMOIRE ADMINISTRATIF

des

Formations Automobiles

« Rendre agréable une étude généralement aride pour les débutants.....
» Tel a été notre but en écrivant ce livre. »

LES AUTEURS.

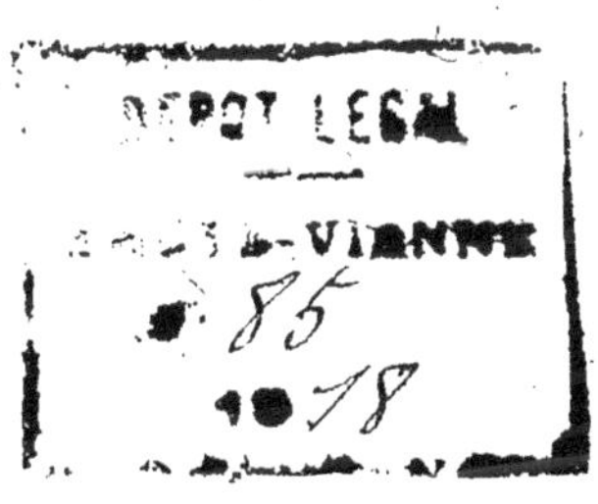

PARIS
Henri CHARLES-LAVAUZELLE
Éditeur militaire
124, Boulevard Saint-Germain, 124
(MÊME MAISON A LIMOGES)

1918

PRÉFACE

Ce petit ouvrage est destiné aux automobilistes susceptibles de devenir des gradés comptables ou de passer l'examen administratif exigé pour les futurs officiers des formations automobiles.

Ils y trouveront surtout les grandes lignes *sur lesquelles ils peuvent se baser pour comprendre et retenir* le mécanisme de l'administration d'une unité.

Nous considérons que ces matières demandent beaucoup d'ordre et de méthode, pour en permettre l'assimilation facile et rapide.

Les auteurs se sont attachés à rendre attrayantes, dans la mesure du possible, des questions qui, pour les débutants, sont souvent bien arides.

La pratique et la mise à jour constante des différents chiffres, susceptibles de varier avec les ordres nouveaux *du commandement, viendront renforcer cette étude rapide, dont le but est surtout de classer des idées dans l'esprit du lecteur.*

Le nouveau livre que nous éditons pour les formations automobiles vient compléter la série d'ouvrages qui ont obtenu un si bon accueil dans l'armée.

Il est dû à la collaboration de deux officiers des services automobiles dont la clarté d'exposition ne le cède en rien à leurs qualités pratiques d'organisateurs et d'administrateurs d'unités.

La façon méthodique dont ce livre est divisé, dont

il est bâti *en un mot, rendra toute l'étude très facile; la* « méthode déductive » *employée par les auteurs aidera beaucoup à retenir, car elle est en quelque sorte* naturelle, *comme il est facile d'en juger à simple lecture.*

En étudiant cet ouvrage (*qui s'adresse surtout à l'intelligence et au bon sens*), le lecteur ne perdra jamais de vue *qu'une* méthode administrative bien comprise conserve toute sa valeur, *quelles que soient les variations des chiffres que le commandement peut prescrire.*

L'Editeur.

RENSEIGNEMENTS PRÉLIMINAIRES

Notre programme de travail.

Il nous paraît indispensable de faire connaître de suite à nos lecteurs la marche que nous entendons suivre dans cette étude.

Pour cela, nous allons utiliser une méthode de *déductions successives* qui rendra le travail du lecteur beaucoup plus agréable.

Nous allons voir que poser la question... c'est la résoudre dans ses grandes lignes.

Que voulons-nous au juste ?

Réponse : « *Acquérir d'abord*, rapidement, *les connaissances théoriques suffisantes pour administrer une section automobile*, la pratique *devant*, *ensuite*, *nous aider pour parfaire notre instruction.* »

Dans ces conditions, la première des choses à envisager est donc d'*examiner*, successivement, *les éléments susceptibles de donner lieu à une comptabilité.*

Eléments à considérer pour arriver à la méthode déductive.

Une section automobile comprend un certain personnel (officier, gradés, conducteurs, etc.) qui compose l'*effectif* de l'unité.

L'officier commandant *est responsable du personnel*

qu'il a pris en charge; il est donc obligé, par la force des choses, d'en tenir un compte exact.

Cet effectif a, de plus, *des droits* aux allocations ou prestations diverses.

Ces droits ne peuvent être perçus que si leur *justification* est bien établie.

Nous retiendrons donc ces trois éléments importants :

Un personnel et *des droits*, d'une part; *des justifications*, d'autre part.

Du fait que *le personnel existe*, il va être déduit, naturellement, d'autres éléments susceptibles d'être décomptés et, par suite, devant donner lieu à une comptabilité.

En effet :

L'officier commandant *doit nourrir ses hommes, les payer, les habiller, les équiper, les armer* et *pourvoir à leur logement* dans la mesure du possible.

Le commandant d'une unité ayant, également, la responsabilité de la bonne exécution des mutations, doit en tenir un compte exact, et cela d'autant plus que *certaines mutations font varier les droits de la section.*

(Il est bien entendu que nous laissons de côté, pour le moment, les mutations n'affectant pas l'effectif et n'influençant pas les droits de l'unité.)

Les formalités *du logement et du cantonnement* de la troupe feront aussi l'objet d'écritures.

Enfin, l'officier reçoit en charge, au moment où il prend possession de sa section, le *matériel roulant*, son outillage, ses pièces de rechange, etc..., qui font naturellement l'objet d'une comptabilité spéciale.

Donc, *en résumé*, voici les principaux éléments en présence :

Un personnel et ses *mutations;*

Des droits, des allocations à justifier et à percevoir, *des matières et du matériel.*

Divisions de notre étude obtenues par déductions successives.

Après l'exposé que nous venons d'en faire, nous voyons d'une façon toute naturelle *se dessiner les grandes divisions d'une comptabilité de section automobile.*

1re PARTIE.

Comptabilité-personnel.

La nécessité de tenir un compte exact du personnel pris en charge, au point de vue *contrôle* et *justification de tous les droits* de la *section*, nous amène à la *comptabilité-personnel.*

2e PARTIE.

Comptabilité des mouvements.

Les variations numériques de l'effectif d'une section qu'engendrent les mutations nous font placer à côté de la comptabilité du personnel la *comptabilité des mouvements.*

La première et la deuxième partie vont avoir des points communs et se confondront parfois.

Nous les traiterons donc en signalant les parties communes, pour éviter des répétitions inutiles.

3e PARTIE.

Comptabilité en deniers.

La *rentrée des fonds* que l'officier commandant reçoit, à quelque titre que ce soit, pour sa section, *et le versement de ces fonds* à titres divers (*solde, indemnités, hautes payes*, etc.), enfin les *allocations quelconques en deniers* vont nécessiter une comptabilité spéciale.

C'est la *comptabilité en deniers*, qui constituera la troisième partie.

4ᵉ PARTIE.

Comptabilité de l'ordinaire.

1° La *nourriture* des gradés et des hommes nous amène à tenir un compte exact des *allocations en nature* qu'ils peuvent toucher.

2° De plus, l'amélioration de l'ordinaire par l'attribution de primes, dites « *fixes* », que l'Etat met à la disposition du commandant de l'unité, va, avec l'enregistrement des allocations en nature, engendrer la « comptabilité de l'ordinaire ».

Cette comptabilité de l'ordinaire indiquera non seulement la rentrée de toutes les ressources y afférentes, mais encore l'emploi exact des fonds.

5ᵉ PARTIE.

Logement, cantonnement, couchage.

Dans la 5ᵉ partie, nous parlerons des pièces comptables relatives aux trois paragraphes précités.

Nous donnerons aussi quelques conseils classiques à observer dans l'installation d'un cantonnement.

6ᵉ PARTIE.

Comptabilité-matières.

Le fait que le personnel est *habillé, équipé, armé* et

pourvu de *munitions* nous amène à la « comptabilité-matières » qui comprend : l'habillement, l'équipement, les armes et les munitions.

7e PARTIE.

Comptabilité du matériel roulant et comptabilités annexes.

La comptabilité du matériel roulant prise en charge, ainsi que celle de l'outillage, des pièces de rechange, de l'essence et des ingrédients, est forcément nécessaire. Nous l'étudierons sous le nom de « comptabilité du matériel roulant et comptabilités annexes ».

8e PARTIE.

Comptabilité triméstrielle et annuelle. Renseignements complémentaires.

Ensuite nous indiquerons, dans la 8e partie, un résumé des pièces comptables à fournir trimestriellement et annuellement, et donnerons quelques renseignements complémentaires qui nous paraissent utiles.

9e PARTIE.

Formalités de dissolution et de constitution d'une section.

Contrairement à ce qui se fait d'une façon générale, nous exposerons, à la fin de cet ouvrage, le résumé des formalités de constitution et de dissolution d'une unité automobile.

(Les raisons qui nous ont porté à procéder ainsi résident dans le fait qu'il est toujours beaucoup plus facile d'étudier des formalités quand on connaît, *par avance*, leur raison d'être et les éléments en présence.)

10e PARTIE.

Résumé général.

Nous terminerons ce recueil par un tableau général qui permettra au lecteur de se remémorer rapidement ce qu'il aura appris.

Nous dirons qu'en cette matière il n'y a que le premier pas qui coûte; l'ordre, la méthode *et un peu de pratique* permettront de tout mener à bien.

AIDE-MÉMOIRE ADMINISTRATIF

des

Formations Automobiles

PREMIÈRE PARTIE.

COMPTABILITÉ-PERSONNEL.

Préliminaires et généralités.

La comptabilité-personnel d'une unité automobile comprend comme études principales :

1° La situation administrative;

2° Le carnet de comptabilité en campagne (que nous plaçons ici en raison des contrôles nominatifs).

Généralités sur la situation administrative et le carnet de comptabilité en campagne.

Cette étude va nous montrer :

1° Comment on fait, dans les formations automobiles, pour pouvoir enregistrer le *contrôle exact journalier du nombre des présents ainsi que les mutations;*

2° Comment on tient le carnet de comptabilité en campagne, qui constitue un peu les « *archives trimestrielles* » de la section.

Nous devons dire que, si nous parlons de suite du carnet de comptabilité en campagne, c'est à cause d'une chose que l'officier devra toujours considérer comme très importante : nous voulons parler des « *contrôles nominatifs du personnel* », où sont inscrits tous les noms des officiers, gradés et hommes constituant l'effectif de l'unité.

Nous considérons les contrôles nominatifs comme *une des bases* de ce recueil; il est donc naturel d'en parler dès le début et à côté de la situation administrative.

Etude de la situation administrative.

Les bases de la comptabilité des sections résident donc, à notre avis :

1° Dans les contrôles nominatifs exacts des présents;

2° Dans les mutations et les données numériques portées à la situation administrative.

DÉFINITIONS.

La situation administrative a pour but de chiffrer le personnel ayant droit aux allocations diverses.

C'est donc elle qui va dénombrer les présents et nous permettre, par la suite, d'*arriver à la justification des droits de notre personnel.*

Quand nous disions que la situation administrative était une des *bases fondamentales de la comptabilité d'une section*, nous étions dans le vrai, puisque, sans le compte exact et journalier des présents par grade, nous ne pourrions établir nos droits aux « allocations ».

Et en parlant d'allocations, nous nous plaçons dans le cas le plus général, c'est-à-dire :

1° *Des allocations en deniers* (prêts, indemnités, hautes payes, frais de déplacement, etc., etc.);

2° *Des allocations en nature* (vivres, tabac, etc.).

En laissant, pour le moment, de côté la question des mutations, on peut dire que la « *situation administrative est* surtout *une pièce comptable numérique* ».

Si nous prenons un des imprimés servant à cet usage, nous pourrons en lire le rôle :

« *Le but de la situation administrative est d'indiquer, par fixation de solde, l'effectif des présents, à la date du jour où elle est établie* ainsi que les *mutations ayant modifié* l'effectif *de la veille* dudit jour. »

Il saute donc aux yeux que, vu son importance, cette pièce comptable doit être établie très soigneusement.

Les chiffres qu'elle comporte seront donc suivis par l'officier qui, par le jeu des mutations, pourra très bien se rendre compte des fluctuations qui se produiront dans lesdites situations administratives.

Bien que ces situations s'appliquent surtout au personnel de la section, *à solde journalière*, on peut également en déduire les allocations en nature que peut toucher le personnel *à solde mensuelle.*

Pour nous mieux faire comprendre, nous dirons que la situation administrative porte le *nombre des rations* que le personnel à solde mensuelle est susceptible de recevoir.

La situation administrative, que l'on établit chaque jour, indique l'effectif des présents de la *veille* et les mutations de l'avant-veille.

Si donc il arrive de *consulter une série consécutive de situations administratives*, on doit pouvoir, *mathématiquement, passer des chiffres de l'une aux chiffres de la suivante.* Cela, simplement, d'après le jeu des mutations qui modifient les effectifs. Le lecteur saisit donc l'importance qu'il y a non seulement à bien tenir les données numériques de cette pièce comptable, mais encore *à indiquer soigneusement les mutations* qui peuvent justifier les fluctuations numériques, puisque cet ensemble donne à l'officier commandant l'unité la justification des droits aux allocations diverses.

Exemple pratique d'établissement d'une situation administrative.

Nous allons établir *pratiquement*, ensemble, une situation administrative.

On peut considérer pour cela une section T. M., T. P., S. S., etc., ou une R. V. F. (section de ravitaillement en viande fraîche).

Nous prendrons comme exemple cette dernière section, *avec un certain effectif d'hommes en subsistance*, afin de pouvoir appliquer des alinéas différents de la situation étudiée.

Supposons qu'il s'agisse d'une section fictive (la R. V. F., B. 342) et que cette formation comprenne, *à la date de la veille*, l'effectif fixe suivant :

1 officier (un lieutenant, par exemple);
2 maréchaux des logis;
2 brigadiers;
19 hommes,

Puis, comme effectif de subsistants (dont nous allons expliquer la présence à la section) :

1 sergent;
5 hommes.

[Le gradé et les hommes en subsistance sont supposés provenir des Commis et Ouvriers d'Administration (C. O. A.) et adjoints momentanément à la R. V. F. pour la nécessité du ravitaillement d'une division indépendante que la section automobile assure.]

Pour que le travail soit profitable au lecteur, ce dernier se munira d'une situation administrative (non remplie) et il l'établira en même temps que nous, c'est-à-dire sous notre dictée.

Pour scinder notre travail, nous le diviserons en parties, et chaque passage d'écriture se rapportant à des choses différentes sera appelé par nous : « Ecriture n° 1 », « Ecriture n° 2 », etc., etc.

[Pour la facilité de compréhension mutuelle, nous avons appelé les lignes horizontales : *a*, *b*, *c*, *d*..., etc.; inutile de dire que ces désignations n'existent pas en pratique.]

ÉCRITURE N° 1.

Du moment que nous avons, dans la journée du 19 février 1916 (date à laquelle correspond notre situation administrative), *deux maréchaux des logis présents*, nous les indiquerons dans la colonne n° 5, par le chiffre 2, sur la ligne horizontale *a*.

La colonne n° 5 correspond, comme il est facile de s'en rendre compte, par les mentions imprimées aux « *journées de solde de présence des sergents et assimilés et des maréchaux des logis et assimilés* ».

La ligne *a* correspond aux présents de l'unité, ce qui est le cas de nos deux maréchaux des logis.

ÉCRITURE N° 2.

Comme nous l'avons signalé au lecteur, nous possédons *en subsistance* un sergent (des commis et ouvriers d'administration).

Nous marquerons donc, dans la colonne n° 5, comme nos

maréchaux des logis du cadre fixe, *mais à la deuxième ligne* (ligne *b*), le chiffre 1, en dessous du chiffre 2, cela pour la raison suivante : c'est que « *les subsistants d'autres unités* » sont afférents à la deuxième ligne.

ÉCRITURE N° 3.

Comme nous avons à l'unité R. V. F., B. 342 deux brigadiers, nous marquerons sur la ligne *a*, dans la colonne n° 7, le chiffre 2, puisque la colonne n° 7 correspond aux « caporaux, brigadiers et assimilés ».

ÉCRITURE N° 4.

Enfin, nous avons un effectif de 19 hommes; mais, comme l'un d'eux, *Bidault*, est parti la veille du 19 février 1916 en permission, nous n'aurons ce jour que 18 présents à l'unité, et nous marquerons le chiffre 18 dans la colonne n° 9, marquée « Soldat », et qui s'applique aussi bien aux hommes de toutes armes et en particulier aux *conducteurs*.

Nous marquerons naturellement le chiffre 18 sur la première ligne (ligne *a*), qui s'applique, comme nous l'avons déjà fait remarquer, aux « présents de l'unité ».

La mutation de *Bidault*, qui a été faite le 18 février au soir, sera portée sur *le verso* de la feuille (côté gauche), c'est-à-dire dans le tableau indiquant les « *mutations affectant l'effectif des présents de la veille* ».

ÉCRITURE N° 5.

Nous porterons (toujours dans la colonne n° 9 et sur la ligne *b*, « subsistants d'autres unités »), le nombre 5, qui indiquera que nous avons ce chiffre d'hommes dans la situation de subsistants. Ce sont les commis et ouvriers d'administration dont nous avons déjà parlé et qui ont été momentanément adjoints à notre section pour les nécessités du service.

ÉCRITURE N° 6.

Dans la colonne n° 10, nous allons inscrire le total des journées de présence de nos gradés et de nos hommes.

Nous compterons ainsi :

Pour la première ligne (ligne *a*) :

2 maréchaux des logis, plus 2 brigadiers, plus 18 hommes, ou :

$$2+2+18=22.$$

Pour la deuxième ligne (ligne *b*) :

1 sergent C. O. A., plus 5 hommes C. O. A., égalent 6, ou

$$1+5=6.$$

ÉCRITURE Nº 7.

(Correspondante aux totaux par colonne.)

La colonne nº 5 nous donne : 2+1=3. (Sergent et maréchaux des logis.)

La colonne nº 7 nous donne : 2+0=2. (Brigadiers.)

La colonne nº 9 nous donne : 18+5=23. (Soldats.)

La colonne nº 10 nous donne : 22+6=28. (Total des journées de présence.)

ÉCRITURE Nº 8.

Enregistrement relatif aux hautes payes journalières.

En examinant la situation administrative, nous voyons que, de la colonne 11 à la colonne 23 *bis* incluse, se trouvent les emplacements relatifs à la haute paye journalière.

Nous supposerons qu'un des hommes de notre section est dans le cas qui lui donne droit à une haute paye de 0 fr. 20. (Il s'agit d'un conducteur ayant servi au delà de la durée légale.)

Nous marquerons donc, dans la colonne nº 19 (car elle correspond à la haute paye journalière des conducteurs), le chiffre 1, puisque nous n'avons qu'un homme dans ce cas.

Comme la valeur de cette haute paye d'ancienneté est de 0 fr. 20, nous indiquerons (dans le haut de la colonne nº 19) le taux de 0 fr. 20 de la haute paye en question.

(Voir tableau spécial des hautes payes, page 92.)

ÉCRITURE N° 9.

Enregistrements relatifs à l'alimentation du personnel.

Nous arrivons alors au compartiment de la « situation administrative », allant de la colonne n° 32 à la colonne n° 49 incluse. Ce compartiment est réservé à l' « alimentation ».

Quelques explications nous paraissent nécessaires.

Nous savons qu'en vue de l'amélioration de la nourriture du personnel, l'officier perçoit la somme de 0 fr. 24 par personne et par jour (cela y compris les gradés, qui se nourrissent à l'ordinaire de la section).

Remarque importante. — Cette somme de 0 fr. 24, que l'on appelle « *prime fixe d'alimentation* », est sujette à des changements; elle n'a de « *fixe* » que le nom. Ainsi, elle fut, à un moment donné, de *0 fr. 22;* puis elle fut réduite à *0 fr. 20,* puis ramenée à 0 fr. 24.

Comme cette prime peut varier, il est bon que l'officier commandant une section s'informe d'abord à l'intendance de la valeur exacte de la prime fixe d'alimentation, afin que le gradé comptable soit exactement documenté pour les calculs qu'il aurait à faire et dont cette prime serait le point de départ.

Comme, dans la section R. V. F., B. 342, nous avons 22 personnes mangeant à l'ordinaire et 6 subsistants, nous écrirons, dans la colonne n° 32, le nombre 22 en première ligne (*a*), « Personnel de l'unité », et le nombre 6 en deuxième ligne (*b*), « Subsistants d'autres unités ».

Cela nous donnera comme total

$$22 + 6 = 28.$$

Ce nombre 28 indique le nombre de fois que nous pourrons percevoir la prime de 0 fr. 24 pour l'ordinaire de la section.

[Nous dirons de suite, pour mémoire, que ces primes fixes portées dans la colonne n° 32 justifieront la *recette correspondant* au 19 février 1916, au carnet d'ordinaire en campagne étudié page 121.]

ÉCRITURE N° 10.

Enregistrement relatif à l'allocation journalière supplémentaire.

Quand l'unité se trouve dans la position « Zone des armées », les sous-officiers ont chacun droit à la prime de 0 fr. 75, pour l'usure des effets d'habillement. Cette prime est portée à 1 franc quand il s'agit des sous-officiers à solde mensuelle et des adjudants.

Contrairement à ce que bien des personnes mal informées ignorent, cette prime a été allouée pour parer à l'usure des effets; nous le répétons, car nous avons, à ce sujet, entendu bien des fois des opinions erronées.

Cette allocation est donc un *droit;* pour être à même de le justifier, nous nous baserons sur les nombres de la colonne n° 44.

Dans le cas de notre section R. V. F., B. 342, nous inscrirons :

1° Colonne 44 : en première ligne (*a*), le nombre 2;

2° Et colonne 44 : en deuxième ligne (*b*), 1.

Et cela pour la raison que nous avons :

1° Deux maréchaux des logis *de l'unité;*

2° Un sergent C. O. A. *subsistant,*
qui tous trois ont droit aux 0 fr. 75 en question.

Le total des allocations journalières supplémentaires que l'officier pourra percevoir sera donc de 3 pour la journée du 19 février 1916 (non compris l'officier, dont l'indemnité est portée d'autre part).

ÉCRITURES N° 11.

Enregistrement du nombre des rations.

De la colonne 51 à la colonne 60 incluse, se trouve le compartiment relatif aux rations *en nature.*

Ces rations constituent encore des *droits* pour notre personnel, et il est utile, comme pour ceux dont nous avons eu déjà à nous occuper jusqu'ici, de fournir des justifications numériques.

Nous inscrirons les chiffres suivants (en raison du nombre de gradés et hommes vivant à l'ordinaire) :

a) Dans la *colonne 51* (« Vivres-pain ») :

Ligne *a* : 22 personnes de l'unité;

Ligne *b* : 6 subsistants d'une autre unité.

Le total de 28 personnes mangeant à l'ordinaire nous donne droit à 28 rations.

b) Dans la *colonne* 52 (« Viande fraîche ») : (même cas que pour la colonne 51).

c) Dans la *colonne* 53 (« Petits vivres ») : (même cas que pour la colonne 51).

ÉCRITURES N° 12.

Enregistrement des rations concernant le chauffage.

Nous allons demander au lecteur un peu d'attention.

Comme on peut le voir en examinant la situation administrative de notre section, les nombres de rations concernant le chauffage ne sont pas les mêmes que ceux des rations précédentes.

Quelques mots d'explication nous paraissent nécessaires.

Les sous-officiers ont droit chacun à deux rations de bois de cuisson pour les aliments.

Donc, pour les deux maréchaux des logis de l'unité, nous aurons à inscrire : $2 \times 2 = 4$ rations (au lieu de 2).

Donc, le nombre précédemment écrit de 22 rations (colonne 51) devra être, de ce fait, porté à 24.

Cela s'explique ainsi :

Rations de bois de cuisson des hommes et des brigadiers..........	20
Rations des sous-officiers..........	4
Le nombre 24 (première ligne, colonne 55) est le total (ici trouvé)..........	24

Pour les subsistants, comme le nombre 6 de la colonne n° 51 comprend un sous-officier et cinq hommes, nous aurons, en ce qui concerne le bois de cuisson des aliments :

Rations des hommes (C. O. A.)............... 5
Rations du sergent (C. O. A.)................. 2

D'où total.................................. 7
qui est inscrit à la deuxième ligne de la colonne n° 55.

Finalement, le total général des rations de cuisson de la colonne 55 sera de 24+7=31 (d'où l'explication du nombre 31 écrit à la ligne *f* de ladite colonne 55).

Rations de bois de chauffage. — Le nombre des rations de bois de chauffage diffère légèrement de celui du bois de cuisson, pour le motif bien simple que voici :

L'officier, bien que ne vivant pas à l'ordinaire, a droit à trois rations de bois de chauffage. Donc, le nombre de rations relatif au personnel de l'unité (soit sur la ligne *a* de la colonne 56) sera de 24 (*nombre de la colonne* 55) augmenté de 3, ou :

24+3=27.

En deuxième ligne (*b*), rien de changé dans la colonne 56 par rapport au nombre correspondant de la colonne 55, soit :

Nombre de rations de bois de chauffage des subsistants d'autres unités :

5+2=7.

Et sur la ligne *f* (total général des rations de bois de chauffage) :

27+7=34.

Rations concernant le chauffage du bureau de l'unité. — En raison de la saison dans laquelle nous nous trouvons (février 1916), nous avons également droit, pour le bureau de la section, à une ration de bois de chauffage.

D'où inscription en conséquence comme indiquée dans la colonne 57 de la situation administrative.

ÉCRITURES N° 13.

Inscriptions relatives aux mutations.

Comme nous l'avons déjà fait remarquer aux personnes

qui commencent à faire de la comptabilité de section, *il est utile de ne point omettre d'inscrire avec soin les mutations* qui ont affecté (ou même, pour mémoire, celles qui n'ont pas affecté) le nombre des présents de l'avant-veille du jour où l'on rédige la situation.

Pour ces inscriptions, nous trouvons sur le *verso* de la situation administrative deux tableaux :

a) *Mutations affectant l'effectif.* — Le tableau de *gauche* est *relatif aux mutations affectant l'effectif* de l'avant-veille, soit du 18 février 1916, *par rapport au jour où l'on rédige la situation*, soit de la veille par rapport à la *date même de la situation*, car (pour mémoire) :

La situation est rédigée le 20 février 1916;

Elle indique les présents du 19 février 1916;

Et elle indique les mutations du 18 février 1916.

Nous inscrirons donc que le conducteur Bidault, qui est parti en permission le 18 février après midi, cesse d'être en solde et vivres à compter dudit jour.

Cette mutation affecte l'effectif; le nombre des rations de la situation administrative du 18 février 1916 a donc été diminué d'une unité par rapport à ce qu'il est devenu sur la situation du 19.

On voit donc combien le mécanisme est simple pour passer des chiffres d'une situation à la suivante. Ce sont les mutations *bien inscrites* qui commandent la variation des nombres.

b) *Mutations qui n'affectent pas l'effectif.* — Il peut y avoir, comme nous venons de le dire, des mutations qui n'affectent pas l'effectif des présents.

Elles ne sont inscrites que *pour mémoire*, et cependant on ne doit pas omettre de les porter dans le tableau réservé à cet effet. (Voir *verso* tableau de droite.)

On portera, par exemple, dans ce tableau, les mutations des officiers ou des sous-officiers à solde mensuelle, présents ou absents, et les mutations d'hommes qui, tout en appartenant à la section, sont en position d'absence.

Ainsi, par exemple, nous pourrions très bien avoir un homme qui, depuis quelque temps, est en subsistance dans une autre unité et qui est entré à l'hôpital.

Voilà une inscription qui nous indique, pour mémoire, où cet *homme est passé;* mais cela ne *peut en rien faire varier le nombre des rationnaires présents*. Nous pourrions citer bien d'autres exemples :

Un de nos hommes, qui, en traitement dans un hôpital, part en convalescence : c'est encore une mutation pour mémoire, qui n'affecte en rien l'effectif des présents;

Un homme qui, en fin de permission, obtient, pour raisons valables, une prolongation : cela sera toujours inscrit au tableau de droite. (Voir verso.)

Nous pouvons aussi indiquer un autre cas de mutation qui ne saurait en rien faire varier le nombre des rationnaires présents : c'est le cas du conducteur qui passe de la solde journalière simple à la solde journalière avec haute paye.

C'est une sorte de « *mutation de position* »; l'inscription, pour mémoire, en sera très utile, car elle expliquera, *d'une façon nominative et motivée*, pourquoi, à partir du jour où cette « *mutation de position* » est inscrite, un droit à la haute paye sera porté sur la situation administrative, alors que, sur les précédentes feuilles, cette inscription n'existait pas.

Quand nous expliquons ces indications « *pour mémoire* », nous ne pourrions guère nous faire mieux comprendre du lecteur qui, commandant d'unité, doit toujours être en mesure de fournir des explications rigoureuses sur sa gestion et justifier les droits auxquels correspondent les inscriptions numériques du *recto* de la situation administrative.

Remarque à propos des trois dates portées sur une situation administrative.

Nous insistons encore là-dessus, afin d'être bien compris, et, avant de terminer cette étude, nous ferons remarquer à nouveau qu'une situation administrative porte trois dates importantes :

1° *Au verso* (*côté droit*), en dessus de la signature de l'officier commandant : *la date du jour où la situation est produite au rapport* (dans notre exemple : 20 février 1916);

2° *Au recto (au centre)* : la date principale, c'est-à-dire celle qui correspond à l'établissement de la situation administrative, soit la veille du jour où elle est produite au rapport (dans notre exemple : 19 février 1916);

3° *Au verso (côté gauche)* : la date du jour pendant lequel l'effectif est affecté par des mutations. Cette date est l'avant-veille du jour où la situation est produite au rapport (dans notre exemple : 18 février 1916).

Remarque très importante relative à la signature des situations administratives.

Une chose très importante à ne pas oublier, *c'est que personne autre que l'officier commandant* ne doit signer la situation administrative d'une section automobile.

C'est lui qui est *responsable de la gestion*, c'est lui qui, *seul, a qualité pour signer.*

Ce fait souligne et confirme toute l'importance que nous avons donnée à la situation administrative.

Groupement des situations administratives. — Vérification et envoi au bureau spécial de comptabilité de l'escadron du train de rattachement.

Les situations administratives sont groupées par quinzaines, puis envoyées à la vérification de la sous-intendance. De là, elles sont retournées à l'unité expéditrice qui est chargée de les faire parvenir au bureau spécial de comptabilité du corps *tous les trois mois.*

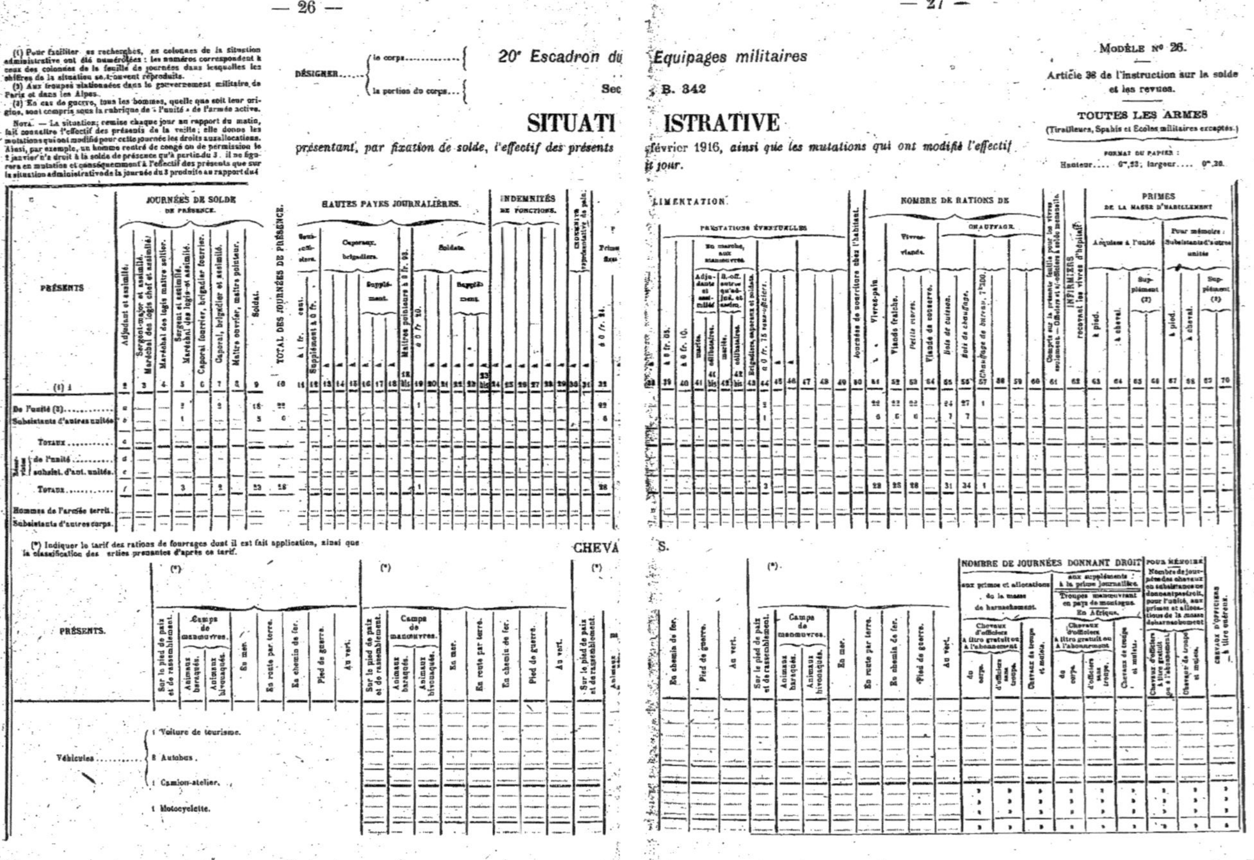

MODÈLE N° 26.

Article 38 de l'instruction sur la solde et les revues.

TOUTES LES ARMES
(Tirailleurs, Spahis et Écoles militaires exceptés.)

FORMAT DU PAPIER : Hauteur.... 0m,32; largeur.... 0m,38.

DÉSIGNER... { le corps............ } 20e Escadron du Équipages militaires
{ la portion du corps... } Sec B. 342

SITUATION ADMINISTRATIVE

présentant, par fixation de solde, l'effectif des présents ... février 1916, ainsi que les mutations qui ont modifié l'effectif ... jour.

PRÉSENTS (1) 1		Sergent et assimilé. Maréchal des logis et assimilé. (5)	Caporal, brigadier et assimilé. (7)	Soldat. (9)	TOTAL DES JOURNÉES DE PRÉSENCE. (10)	Maîtres pointeurs à 0 fr. 93 / à 0 fr. 80. (19)	Indemnité représentative de pain à 0 fr. 24. (32)	Alimentation, prestations éventuelles, à 0 fr. 75 sous-officiers. (44)	Vivres-pain (51)	Viande fraîche (52)	Petits vivres (53)	Bois de cuisson (55)	Bois de chauffage (56)	Chauffage de bureau, 7k300 (57)
De l'unité (3)	a	2	2	18	22	1	22	2	22	22	22	24	27	1
Subsistants d'autres unités	b	1		5	6		6	1	6	6	6	7	7	
TOTAUX	c													
Réservistes de l'unité	d													
Réservistes subsist. d'aut. unités	e													
TOTAUX	f	3	2	23	28	1	28	3	28	28	28	31	34	1

Other columns of the form (empty): JOURNÉES DE SOLDE DE PRÉSENCE: Adjudant et assimilé (2); Sergent-major et assimilé, Maréchal des logis chef et assimilé (3); Maréchal des logis maître sellier (4); Caporal fourrier, brigadier fourrier (6); Maître ouvrier, maître pointeur (8). HAUTES PAYES JOURNALIÈRES: Sous-officiers à 1 fr. cent., Supplément à 0 fr. (11–12); Caporaux, brigadiers, Supplément (13–18, 18 bis); Soldats, Supplément (20–23, 23 bis). INDEMNITÉS DE FONCTIONS (24–31). Primes à 0 fr. 05, à 0 fr. 10 (39–40); Adjudants et assimilés, mariés, célibataires (41, 41 bis); S.-officiers autres qu'adjudants et assimilés, mariés, célibataires (42, 42 bis); Brigadiers, caporaux et soldats (43); (45–49); Journées de nourriture chez l'habitant (50); Viande de conserve (54); (58–60); Compris sur la présente feuille pour les vivres seulement. — Officiers et s/-officiers à solde mensuelle (61); INFIRMIERS recevant les vivres d'hôpital (62); PRIMES DE LA MASSE D'HABILLEMENT: Acquises à l'unité, à pied, à cheval, Supplément (2) (63–66); Pour mémoire : Subsistants d'autres unités, à pied, à cheval, Supplément (2) (67–70).

(*) Indiquer le tarif des rations de fourrages dont il est fait application, ainsi que la classification des parties prenantes d'après ce tarif.

CHEVAUX.

PRÉSENTS.	(*) Sur le pied de paix et de rassemblement.	Camps de manœuvres. Animaux baraqués.	Camps de manœuvres. Animaux bivouaqués.	En mer.	En route par terre.	En chemin de fer.	Pied de guerre.	Au vert.
Véhicules : 1 Voiture de tourisme. 8 Autobus. 1 Camion-atelier. 1 Motocyclette.								

(The same set of columns is repeated for two more (*) tariffs.)

NOMBRE DE JOURNÉES DONNANT DROIT aux primes et allocations de la masse de harnachement: Chevaux d'officiers à titre gratuit ou à l'abonnement — du corps, d'officiers sans troupe; Chevaux de troupe et mulets. — Aux suppléments à la prime journalière. Troupes manœuvrant en pays de montagne. En Afrique: Chevaux d'officiers à titre gratuit ou à l'abonnement — du corps, d'officiers sans troupe; Chevaux de troupe et mulets.

POUR MÉMOIRE: Nombre de journées des chevaux en subsistance ne donnant pas droit, pour l'unité, aux primes et allocations de la masse de harnachement: Chevaux d'officiers à titre gratuit ou à l'abonnement; Chevaux de troupe et mulets. CHEVAUX D'OFFICIERS à titre onéreux.

(1) Pour faciliter les recherches, les colonnes de la situation administrative ont été numérotées : les numéros correspondent à ceux des colonnes de la feuille de journées dans lesquelles les chiffres de la situation se trouvent reproduits.

(2) Aux troupes stationnées dans le gouvernement militaire de Paris et dans les Alpes.

(3) En cas de guerre, tous les hommes, quelle que soit leur origine, sont compris sous la rubrique de « l'unité » de l'armée active.

NOTA. — La situation, remise chaque jour au rapport du matin, fait connaître l'effectif des présents de la veille ; elle donne les mutations qui ont modifié pour cette journée les droits aux allocations. Ainsi, par exemple, un homme rentré de congé ou de permission le 2 janvier n'a droit à la solde de présence qu'à partir du 3 ; il ne figurera en mutation et conséquemment à l'effectif des présents que sur la situation administrative de la journée du 3 produite au rapport du 4.

MUTATIONS AFFECTANT L'EFFECTIF DES PRÉSENTS du (1) 18 *février* 1916.			
NUMÉROS MATRICULES.	NOMS.	GRADES ET EMPLOIS.	MUTATIONS DES HOMMES ET DES CHEVAUX. — NOTA. — On portera ici les militaires faisant mutation dans l'ordre où ils sont classés sur le contrôle, d'après le tarif qui leur est applicable.
		Gains : Néant.	
4032	*Bidault (Gaston).*	*Conducteur.*	*Parti en permission de 7 jours le 18 février 1916 au soir et cesse d'être en solde et vivres à compter dudit jour.*
		Pertes : 1 conducteur.	

MUTATIONS N'AFFECTANT PAS L'EFFECTIF DES PRÉSENTS.			
NUMÉROS MATRICULES.	NOMS.	GRADES ET EMPLOIS. — Pour les sous-officiers, indiquer s'ils perçoivent la solde mensuelle ou journalière.	MUTATIONS DES OFFICIERS, DES HOMMES et des chevaux. — NOTA. — On portera ici les mutations des officiers et des sous-officiers à solde mensuelle présents ou absents et les mutations des hommes en position d'absence.
04272	*Dubois (Georges).*	*2e classe.*	*Etant en permission, obtient, pour raison de famille, une prolongation de 4 jours, en date du 18 février 1916.*

(1) Veille du jour de la date de la situation.
(2) Date du rapport où la situation est produite.

CERTIFIÉ par nous, commandant l'unité.

Aux armées, le (2) 20 *février* 1916.

Le lieutenant Dubois,
commandant la section R. V. F., B. 342,
L. DUBOIS.

VÉRIFIÉ par nous, Sous-Intendant militaire, la présente situation, de laquelle il résulte que le total des journées de présence s'élève :

Pour les hommes de l'unité.......................... à
Pour les subsistants d'autres unités................. à
Pour les réservistes { de l'unité..................... à
Pour les réservistes { subsistants d'autres unités...... à
Pour les hommes de l'armée territoriale............... à
Pour les subsistants d'autres corps................... à
Pour les chevaux et mulets du corps................... à
Pour les chevaux et mulets subsistants d'autres corps. à
Pour les chevaux et mulets en subsistance pour la ferrure et les médicaments seulement............. à

A , le 191 .

Etude du carnet de comptabilité en campagne.

Son but. — Le rôle du carnet de comptabilité en campagne d'une unité automobile (par exemple) est de conserver une trace officielle des différentes opérations administratives de l'unité. Il est trimestriel et expédié tous les trois mois au bureau spécial de comptabilité.

Sa rédaction. — La *rédaction* d'un pareil carnet, qui condense un grand nombre de renseignements sous faible volume, ne peut être que *succincte*.

Sa durée. — Le carnet est *tenu par trimestre*, comme nous l'avons dit; il est *renouvelé* au bout de ce laps de temps par le dépôt dont dépend la formation automobile considérée, c'est-à-dire *par l'escadron du train de rattachement*.

Exemple : telle section dépend du 8e escadron; telle autre du 20e..., etc.; ce sont les corps en question qui feront le remplacement des carnets de comptabilité en campagne terminés.

Sa description. — Le carnet de comptabilité en campagne, comprenant dix chapitres, il suffira de décrire la fonction de chacun d'eux pour être au courant de ce registre.

Description du chapitre I.

Ce *chapitre I* constitue une sorte de petit journal de route où, sous forme sommaire, le commandant de l'unité inscrit (ou fait inscrire) les mouvements et positions diverses de l'unité.

Ces renseignements (écrits par date) sont complétés par les indications de durée du trajet, ainsi que des désignations des endroits divers où la section a séjourné ou, pour employer le terme militaire, où la *section a cantonné*.

On doit donc, par la suite, pouvoir retrouver très rapidement le lieu exact où se trouvait la formation automobile *d'une date bien déterminée à une autre date déterminée*.

Voilà un exemple d'inscription au chapitre I du carnet de comptabilité en campagne :

De l'armée Z :

En date du *5 janvier 1916*, la section *R. V. F.*, *B. 342*, conformément à l'ordre n° *342* du *C. S. A.*, quitte son cantonnement de *Montdidier* à *8 heures* pour se rendre à *Monchy-Humières.*

Du *5 janvier 1916* au *1er février 1916*, séjour de la section à *Monchy-Humières.*

Etc., etc...

Description du chapitre II.

Le chapitre II du carnet de comptabilité en campagne possède, *à notre avis, une importance très grande* pour un commandant d'unité automobile, car *c'est un chapitre où sont portées des justifications.*

Dans ce chapitre, en effet, sont inscrits non seulement *les allocations en deniers et en nature* et *les variations* que ces allocations peuvent subir, mais encore *les ordres* du commandement *qui ont pu faire varier les allocations* en question, ainsi que ceux qui accordent des primes extraordinaires, etc., etc.

Les *dates* auxquelles ces ordres ont été donnés, *leur numéro* et le grade des supérieurs qui en sont les signataires seront également notés soigneusement.

En voici la raison :

Supposons qu'une unité automobile soit rattachée successivement à différentes armées, — la chose peut très bien se produire, — il suffirait, pour fixer les idées, de concevoir une section sanitaire automobile (S. S.) ou une section de ravitaillement en viande fraîche (R. V. F.) faisant partie d'une division indépendante (donc essentiellement sujette à des déplacements) pour concevoir cette formation automobile passant, momentanément, dans des armées différentes.

L'officier commandant l'unité (S. S. ou R. V. F.) en question pourra donc être amené à se faire payer plus tard des sommes résultant de décisions prises dans une armée qu'il a quittée.

Il faut donc que l'officier soit capable de justifier d'une façon précise, *devant le nouveau fonctionnaire de l'intendance* auquel il aura affaire, des dépenses qui lui ont été autorisées à l'armée qu'il vient de quitter.

Ces justifications sont également nécessaires *pour le bureau spécial de comptabilité de l'escadron du train* de rattachement qui, dans un laps de temps plus ou moins long, aura les pièces comptables en main et les vérifiera.

De plus, suivant le système excellent employé en matière de comptabilité militaire, un officier commandant (pour ne citer que ce cas) ne pourra, en principe, toucher des sommes *sans justifications*.

Nous insistons là-dessus, car, à notre avis, cela est très important.

« Le chapitre II du carnet de comptabilité en campagne est une justification permanente, pour l'officier qui a la charge de l'administration d'une section, des chiffres qu'il est en droit d'appliquer à tel ou tel moment en vertu de tel ou tel ordre. »

L'officier saisira donc dès maintenant combien il lui est nécessaire, pour la bonne tenue de la comptabilité dont il est responsable, de bien suivre tous les ordres qui modifient les allocations diverses auxquelles il a droit.

Cela lui permettra même de retrouver très facilement les ordres ou documents originaux, surtout si ces derniers ont été classés par date.

Description du chapitre III.

On peut considérer que *le chapitre III est la reproduction des situations administratives* que nous avons étudiées en détail.

L'attention de l'officier doit être portée sur le fait qu'il ne saurait y avoir de droits mentionnés sur une situation administrative qui ne soient enregistrés sur le carnet de comptabilité en campagne.

Le commandant de l'unité devra donc vérifier qu'il en est ainsi, car les justifications trimestrielles doivent cadrer avec les justifications journalières du trimestre considéré.

Dans l'espèce, la justification trimestrielle est constituée par le carnet de comptabilité en campagne, objet de notre préoccupation actuelle, et la *justification journalière* est fournie par la situation administrative, *pièce comptable quotidienne*, qui a fait l'objet de notre précédente étude.

Description du chapitre IV.

On peut considérer que le chapitre IV est un contrôle nominatif, comme le chapitre V.

Le chapitre IV est destiné à l'inscription des officiers dans l'ordre de leur arrivée.

La situation de ces officiers, au point de vue de la solde et des indemnités, y est également portée ainsi qu'une mention indiquant, le cas échéant, s'ils mangent à l'ordinaire de la section.

Ces indications sont importantes, elles ne sauraient être omises dans une comptabilité bien tenue.

Dans le chapitre IV sont notées et la *provenance* d'un officier à son arrivée, et sa destination en cas de départ.

Des dates précises (pour éviter toutes difficultés ultérieures) seront aussi mentionnées dans ce chapitre. Nous voulons parler :

1° *De la date exacte de l'alignement en solde de l'officier à son arrivée.*

[Cette date est basée sur une pièce appelée « Certificat de cessation de payement » (dont nous aurons à parler), qui a été *établie* par la *formation que l'officier vient de quitter.*]

2° *De la date exacte de la cessation de payement lors du départ de l'officier en question.*

[Cette date sera également portée sur un « certificat de cessation de payement » que l'*officier apportera dans la formation nouvelle à laquelle il est destiné.*]

Remarque. — Ce que le lecteur n'ignore pas, c'est qu'en général (à moins qu'il s'agisse d'une formation de parc ou d'une section dite d' « état-major »), il n'y a qu'un officier par section automobile, qu'il s'agisse d'une T. M., d'une T. P., d'une S. S. ou d'une R. V. F.

Quand on considère une formation de parc de réserve automobile, ou une section de parc automobile, il y a plusieurs officiers.

Quand on considère une section T. M., elle peut très bien être rattachée à un parc de réserve automobile ou à un groupe de sections.

Le chapitre IV du carnet de comptabilité en campagne de la section T. M. devra porter mention non seulement de son propre officier, mais encore de tous ceux qui constituent l'état-major du parc de réserve ou l'état-major du groupe.

Un autre cas très fréquent est celui *des changements d'officiers* dans une formation automobile quelconque.

Quand un nouvel officier arrive dans une section, pour remplacer le commandant habituel de l'unité, *on raye ce dernier* sur le chapitre IV du carnet de comptabilité en campagne, et on porte, en dessous, le nom du nouveau commandant de l'unité.

Nous avons cru bon de porter l'attention des commençants sur ce point, pour les personnes qui auraient des tendances à croire que le chapitre IV, indiquant le contrôle des officiers, se réduit le plus souvent à la mention du seul commandant actuel de la T. P., T. M., S. S., etc..., considérée.

Remarquer que cela peut arriver pour certain laps de temps de trois mois, correspondant à un des carnets de comptabilité en campagne, mais que nous considérons plutôt cette manière de voir comme un cas particulier et non comme le cas général auquel nous devons toujours nous reporter.

Description du chapitre V.

Ce chapitre est réservé au contrôle nominatif de la troupe.

Ce contrôle s'effectue par ordre alphabétique et par grade.

Il faut cependant, au moment de l'établissement de cette liste, prendre les précautions suivantes :

A. — Afin de conserver toujours, sensiblement, l'ordre alphabétique, *on laissera des blancs entre deux lettres initiales consécutives* de l'alphabet, de façon à pouvoir intercaler les nouveaux arrivants. Ainsi, au lieu d'écrire :

*A*dalbert,
Arimeau,
*B*elin,
Bénard,

Beylie,

*C*ourtault, etc., etc.,

on écrira en laissant un vide entre le dernier nom commençant par A, c'est-à-dire :

1° Entre *Arimeau* et le premier nom commençant par B, c'est-à-dire *Belin;*

2° Entre le dernier nom commençant par B, c'est-à-dire *Beylie*, et le premier nom commençant par C, c'est-à-dire *Courtault*, etc., etc.

Finalement, notre contrôle se présentera, au commencement du trimestre, comme ceci :

Adalbert.
Arimeau.
(*Vide.*)
(*Vide.*)
Belin.
Bénard.
Beylie.
(*Vide.*)
(*Vide.*)
Courtault.

Finalement, si, dans le cours du trimestre, un nommé *Archambault* et un nommé *Bapeyroux* sont mutés à notre section, nous pourrons les intercaler : *Archambault* après *Arimeau*, et *Bapeyroux* après *Beylie;* les noms conserveront, *sensiblement*, l'ordre alphabétique, chose que nous n'aurions pu obtenir si nous n'avions eu le soin de ménager les vides qui ont été indiqués.

B. — On supprimera les partants, mais on les rayera soigneusement *et de façon à pouvoir lire malgré la rayure*, en vue de toute recherche ultérieure.

C. — *Subsistants*. — Dans le cas que nous avons envisagé pour notre situation administrative, nous avons voulu que les subsistants y soient portés, afin de montrer aux commençants les écritures concernant les hommes provenant d'autres unités et mis en cette position.

On peut se demander si du personnel, pris momentanément dans une section, à titre de subsistant, peut figurer sur le contrôle de la section, ou, dans le cas contraire, quelles dispositions seront prises pour conserver leurs noms d'une façon réglementaire. La réponse est la suivante :

Les subsistants font l'objet d'un contrôle spécial *qui sera intercalé et collé dans le carnet de comptabilité en campagne, à la suite du chapitre V.*

Nous aurons, de cette façon (ainsi qu'au bout du trimestre le bureau spécial de comptabilité), un contrôle complet [y compris les subsistants], et cela *sans gêne* pour le contrôle principal des ressortissants habituels de l'unité.

Description du chapitre VI.

Contrôle du matériel.

En général, quand on étudie le carnet de comptabilité en campagne pour les formations automobiles, on néglige de parler du chapitre VI qui, dans les compagnies du train des équipages à chevaux, s'applique au contrôle de ces derniers.

Nous avons cependant utilisé ce chapitre VI, nous l'avons également vu utiliser par d'autres commandants d'unités pour y inscrire le contrôle du matériel roulant de la section (et cela quelles que soient les comptabilités spéciales réservées audit matériel).

On porte le numéro des véhicules, leur marque, le numéro du moteur, le numéro du châssis, la nature des bandages, etc., etc., enfin tous renseignements permettant d'identifier les véhicules automobiles dont la section est dotée.

[Nous donnerons des renseignements très complets sur la comptabilité du matériel roulant à la 7e partie.]

Description du chapitre VII.

Enregistrement de la solde de la troupe et inscription des fournitures reçues « à titre gratuit ».

Le chapitre VII du carnet de comptabilité en campagne se rapporte d'abord à la solde de la troupe.

Rien de facile comme de procéder à ce dernier enregistrement, alors que l'on connaît le mécanisme de la « *feuille de prêt* », que nous aurons à étudier plus loin. (Nous prions nos lecteurs de s'y reporter. Voir étude pratique d'une « Feuille de prêt », page 104.)

Mais ce n'est pas tout; dans le chapitre VII, il faut aussi inscrire *les vivres perçus à titre gratuit* et certaines fournitures telles, par exemple, que la *paille de couchage des hommes.*

Parmi les fournitures « en nature » et à titre gratuit, il n'y a qu'à examiner les inscriptions imprimées dans le haut des colonnes pour en connaître l'emploi.

Le lecteur verra qu'il s'agit, par exemple, des rations concernant les vivres (pain, viande, petits vivres, vin, etc.); des rations concernant le chauffage [cuisson des aliments, chauffage (hommes, officiers...), chauffage des bureaux]; des rations de tabac, de la paille de couchage..., etc.; rien ne sera plus facile que de remplir ces colonnes alors que les situations administratives bien tenues en fourniront les éléments.

Description du chapitre VIII.

Enregistrement des pertes provenant des cas de force majeure.

Comme on peut bien le penser, en vertu du système militaire, *que nous avons signalé comme excellent, qui consiste à toujours fournir des justifications,* on doit inscrire, en face du détail succinct relatif aux pertes, *les renseignements qui concernent les procès-verbaux dont elles font l'objet.*

Le tableau du chapitre VIII, sur lequel on note les procès-verbaux de pertes, comporte une colonne qui indique la date du procès-verbal ainsi que l'autorité signataire dudit.

La valeur des objets perdus est inscrite en face du détail de ces objets.

Il est, de plus, explicitement indiqué, par une annotation portée sur la feuille relative aux pertes dues aux cas de force majeure, qu'il n'est pas établi de procès-verbaux pour les pertes relatives aux effets de la première ou de la deuxième portion.

Nous rappelons, pour mémoire, qu'on entend :

a) Par *effets de la première portion :* 1° les *principaux vêtements* (veste, culotte, capote, képi) et les brodequins, etc.; 2° l'*équipement* (bretelles de mousquetons, cartouchières, bidons et courroies de bidons, etc.);

b) Et par *effets de la deuxième portion :* 1° le *linge* et divers (chemises, caleçons, mouchoirs, cravate, bretelles, vestes et pantalons de treillis); 2° puis quelques fournitures telles que brosses, musette, cuiller, quart, etc., etc.).

Description du chapitre IX.

Le chapitre IX du carnet de comptabilité en campagne est réservé à l'enregistrement de la « *comptabilité-matières* », qui comprend *habillement, équipement, armement et munitions.*

Le chapitre IX peut se diviser en quatre paragraphes correspondant chacun à un tableau. Les autres parties de ce chapitre n'intéressent pas le service automobile, nous les passerons donc sous silence.

§ 1.

Il est relatif aux effets de la première portion.

La page de gauche est réservée aux effets *touchés* par la section, et la page de droite, aux effets que la section a distribués à des titres divers (par exemple : effets distribués aux hommes, reversés au magasin d'habillement du « *parc de réserve automobile* » dont dépend l'unité, etc.).

Nous pouvons donc indiquer vis-à-vis les unes des autres les recettes et les dépenses (si l'on peut s'exprimer ainsi), ou les *rentrées* et les *sorties* afférentes au paragraphe 1 du chapitre IX.

ENTRÉES.	SORTIES.
On enregistre tout ce que la section a touché comme effets de première portion et par date...	Tous les effets : Versés par la section au personnel de l'unité, aux subsistants d'autres unités, etc., etc. Rendus au parc, etc. Renvoyés au magasin du corps.

Les inscriptions passées seront faites les unes à la suite des autres *sous forme très condensée :*

Exemple d'un détail d'effets versés : « 5 capotes, 6 vestes, 4 culottes..., etc., etc. »

§ 2.

Le paragraphe 2 est relatif aux effets de la deuxième portion.

On suit le même système d'inscription que pour le paragraphe 1.

Savoir :

Les *effets reçus* seront inscrits à la suite les uns des autres sur la page de gauche.

Les *effets distribués* ou versés seront inscrits de la même manière sur la page de droite.

§ 3.

Il s'applique aux effets dits « Effets gratuits du régime de paix ».

Nous rappelons que sous cette rubrique rentrent :

1° *Le matériel de campement :* gamelle individuelle, marmite, gamelle de campement, le Bouthéon, la hachette, le seau de toile, le moulin à café;

2° *Les sachets de petits vivres;*

3° La couverture du petit modèle;

4° Des objets divers (plaque d'identité, trousse à boutons, ceinture de flanelle et serviette).

Le mécanisme des inscriptions, pour les effets *reçus* ou *versés*, est le même que pour le paragraphe 1.

On met, *à gauche, les entrées*, et *à droite, les sorties.* Mais on place le nom des effets correspondants dans le haut des colonnes réservées à cet usage.

§ 4.

Se rapporte à l'*armement* et aux *munitions.*

A gauche se trouve le tableau des *entrées* et, *à droite*, le tableau des sorties, c'est-à-dire des armes ou des munitions qui ont été distribuées ou reversées dans les parcs d'artillerie, par exemple.

Ce paragraphe est divisé en colonnes. On écrit, dans les cases réservées à cet effet, les désignations des armes (revolvers, carabines, fusils ou mousquetons) et cartouches.

On indiquera par date, chaque fois, très exactement, le modèle auquel se rapporte l'arme.

Les inscriptions *sont numériques* aux entrées ou aux sorties.

Nous avons eu, personnellement, à enregistrer des armes très diverses à ce chapitre IX, bien qu'en principe le modèle réglementaire du train soit le mousqueton (modèle 1892).

La remarque faite ici a pour but de porter l'attention du lecteur sur ce que *la spécification exacte des armes s'impose*, et cette spécification est très variable avec les sections automobiles.

Nous avons également tenu, avec le chapitre IX, un petit registre nominatif d'armement (dont nous aurons à reparler).

Ce petit registre portait, en face du nom de l'homme qui possède l'arme inscrite, toutes les indications nécessaires pour identifier cette dernière en cas de perte (modèle ou année de l'arme, genre, numéro d'immatriculation, etc.).

Ce cahier, sur lequel nous avions ménagé une colonne « Observations », nous a été utile, et en particulier pour les revues mensuelles que nous nous imposions afin d'obtenir d'abord *l'entretien constant de l'arme* de la part de l'homme, mais aussi pour éviter *les substitutions* et *les pertes*.

Il est bien évident qu'un homme qui sent planer sur sa tête « *l'épée de Damoclès* » que constituent, pour lui, les revues et vérifications périodiques, ne pourra que faire attention à l'arme qui lui est confiée.

Il ne fera d'ailleurs, en ce sens, que le plus élémentaire de ses devoirs.

Description du chapitre X.

Explications diverses fournies par le commandant de l'unité.

L'officier responsable de la gestion de l'unité doit *don-*

ner, dans le chapitre X, *toutes les explications* qu'il croit *utiles afin de justifier les méthodes suivies* par lui, dans l'administration et la comptabilité de la section dont il a charge.

Il est bien entendu que ces explications seront données en style militaire : *clair*, *bref*, *précis* et *complet.*

Eviter avec soin tous développements trop longs qui ne seraient que des répétitions n'ajoutant rien à la clarté et à la compréhension.

Pour arriver à rédiger en « *style lapidaire* » (chose qui demande une certaine habitude), la meilleure méthode consiste à faire d'abord un brouillon où *l'on* « *élaguera* » les parties jugées inutiles avant de transcrire au net sur le carnet de comptabilité en campagne.

Nous estimons que le chapitre X, qui peut, par exemple, servir de mémorandum du système de gestion employé, peut également être utile à un nouvel officier arrivant dans une section, car le nouveau commandant d'unité sera très vite fixé sur les méthodes *et les motifs qui ont guidé son prédécesseur* dans la gestion administrative de la formation automobile dont il avait charge. Ces explications peuvent également être utiles au bureau spécial de comptabilité du corps.

Situation des dix jours à fournir au commandement.

Nous terminerons le chapitre concernant le personnel en rappelant à nos lecteurs que la « situation-rapport » dite « des cinq jours », que l'on fournissait au commandement, a été remplacée, depuis un certain temps, par la situation-rapport des dix jours. (On utilise d'ailleurs les anciens imprimés en les modifiant en conséquence.)

Cette pièce administrative est transmise par la voie hiérarchique au chef du service automobile de l'armée dont on dépend.

Les sections automobiles faisant partie de groupes ou de groupements envoient cette pièce par voie hiérarchique. Les sections automobiles indépendantes, telles que les sections sanitaires (S. S.) ou les R. V. F., la font parvenir directement.

Le but de la situation-rapport des dix jours est de rendre compte au chef du service automobile de l'armée (C. S. A.) :

1° De l'effectif de la section;

2° Des variations d'effectifs;

3° Des mutations d'officiers;

4° De l'état des approvisionnements en vivres;

5° De l'état des approvisionnements en munitions;

6° De l'état sanitaire.

Cette situation-rapport a pour objet, enfin, de transmettre l'effectif du matériel roulant et les mutations concernant ce matériel.

21e ARMÉE.

95e CORPS D'ARMÉE.

e DIVISION.

Service automobile.

e BRIGADE.

20e Escadron du Train.

Section R. V. F., B. 342.

MODÈLE N° 4.

Art. 29 de l'Instruction du 22 février 1900 sur le service des états-majors modifiée le 20 novembre 1912.

SITUATION-RAPPORT DES DIX JOURS.

Situation à la date du *20 février 1916.*

UNITÉS CONSTITUTIVES.	RATIONNAIRES PRÉSENTS.			OBSERVATIONS.
	OFFICIERS.	TROUPE.	CHEVAUX et MULETS.	
Effectif de la R. V. F., B. 342	*1*	*23*	*Néant*	(1) L'effectif de notre section a été augmenté d'un sergent C. O. A. et de 5 hommes pour nécessité du ravitaillement. (Ordre 42532 de la sous-intendance de B..., en date du 2 février 1916.)
Effectif subsistant C. O. A....	»	*6 (1)*	»	*Le lieut^t commandant,* L. D.

RAPPORT SOMMAIRE.

1° Variations d'effectifs. — Mutations d'officiers.

1 conducteur parti en permission de 7 jours à la date du 19 février 1916.
Mutations d'officiers : Néant.

2° Approvisionnements en vivres.

2 jours de vivres de réserve, au complet.

3° Approvisionnements en munitions.

Au complet.

4° Etat sanitaire.

Excellent.

5° Divers.

Matériel roulant.

1 voiture de tourisme, *7 autobus,* *1 camion-atelier,* *1 motocyclette.*	*En état de marche.*

Mutation de matériel.

L'autobus 28582 a été envoyé au parc de réserve automobile ZZ pour changement de l'arbre de cardan (en date du 18 courant). (Ordre C. S. A. n° 14522 du 17 février autorisant cette mutation.)

Aux armées, le *20 février 1916.*

Le lieutenant Dubois,
commandant la section R. V. F., B. 342,
L. Dubois.

DEUXIÈME PARTIE.

PIÈCES COMPTABLES RELATIVES AUX MOUVEMENTS.

Dans la première partie, nous avons eu à envisager l'inscription des mutations journalières au dos de la situation administrative.

Nous rappelons que les mutations sont de deux sortes :

1° Celles qui n'affectent pas l'effectif des présents;

2° Celles qui affectent l'effectif des présents.

Nous avons donné quelques exemples relatifs à ces deux cas; nous supposons être bien compris du lecteur et nous n'y reviendrons pas.

Quelles sont les autres formalités ou pièces à établir en cas de mutations?

Pour répondre à cette question, nous la diviserons en deux :

1° Mutations d'officiers ou sous-officiers à solde mensuelle;

2° Mutations relatives à la troupe.

Pièces à établir dans le cas d'une mutation d'officier ou de sous-officier à solde mensuelle.

a) Nous établirons un double exact de l'ordre émanant de l'autorité qui a prescrit le mouvement de l'officier, et nous le remettrons à ce dernier, à moins que l'original ne lui ait été adressé directement, auquel cas nous en prendrons copie pour les archives de la section.

b) Nous établirons un certificat de cessation de payement que l'officier remettra en arrivant à sa nouvelle formation, afin d'établir par une pièce officielle la date jusqu'à laquelle il a été aligné en solde. (Voir modèle ci-après, p. 46.)

SOLDE
ET ACCESSOIRES DE SOLDE.

TRAITEMENT
DES OFFICIERS
ET SOUS-OFFICIERS
à solde mensuelle.

(1) Désigner le nom; les prénoms et le grade.
(2) Mettre en toutes lettres la date du mois.
(3) Indiquer la nature et le montant des retenues à exercer soit au profit de l'Etat ou du corps, soit pour dettes envers des particuliers, lorsque le Ministre en a autorisé le remboursement direct aux créanciers.
Indiquer, en outre, si l'officier ou le sous-officier était logé à ses frais ou dans les bâtiments militaires avec ou sans meubles.

Désigner le corps. { *8e Escadron du train des équipages.*

MODÈLE N° 51.
Réglem' du 20 mars 1906 sur l'administration des corps de troupe.
(*Dispositions générales.*)
Format : 0m,26 sur 0m,18.

CERTIFICAT DE CESSATION DE PAYEMENT

Le Trésorier soussigné certifie que M. (1) *le Sous-Lieutenant Gardères (Louis), commandant la Section automobile de transport de personnel : T. P.* 975, a été payé de la solde jusqu'au (2) *trente avril mil neuf cent seize* inclusivement,

de l'indemnité { *représentative de vivres jusqu'au 30 avril* 1916 inclusivement, *allocation journalière supplémentaire jusqu'au* 30 *avril* 1916 inclusivement, inclusivement,

et qu'il reste passible des retenues ci-après détaillées (3), savoir : *Néant.*

VÉRIFIÉ : *Le Major,*

Aux *Armées*, le 1er *mai* 1916.

Le Capitaine DUPARC, *commandant le groupe des T. P.* 973, 974, 975 *et* 976.

DUPARC.

Vu :
Le Président du Conseil d'administration,

c) Nous remettrons, de plus, à l'officier un ordre de transport du modèle Ai si l'*officier* est *sans bagages*, ou du modèle A si l'*officier* est *avec bagages*.

Ces ordres de transport sont destinés aux voyages en chemin de fer.

Mutation d'un gradé ou d'un homme de troupe passant d'une formation à une autre.

(Suivre sur le schéma.)

CE QUE FERA L'UNITÉ EXPÉDITRICE.

Supposons que nous ayons à envoyer un de nos hommes dans une autre formation; nous lui remettrons (bien entendu sauf modifications prescrites par le commandement) :

1° Une *copie de l'ordre de mouvement* prescrivant la mutation;

2° Un *avis de mutation* (de préférence en double exemplaire). Nous verrons plus loin l'avantage de cette manière de procéder.

Le bulletin de mutation en question porte :

a) La *date exacte du passage* de l'homme dans sa nouvelle unité;

b) Une *mention certifiant* qu'il a bien été *aligné en solde, haute paye* et *vivres* jusqu'*à la date du... inclusivement* (cette mention correspond, pour la solde, au certificat de cessation de payement de l'officier);

3° Un *bulletin de passage d'effets* reçus par l'homme muté, ce dernier l'ayant émargé;

4° Un *ordre de transport par chemin de fer* (s'il y a lieu) modèle Ai ou modèle A (le modèle Ai dans le cas où l'homme n'a pas de bagages, le modèle A s'il a des bagages).

Une *inscription* sera faite sur le *laissez-passer* de la voiture automobile, dans le cas où l'homme sera envoyé par cette voie;

5° Un *certificat* indiquant à quelle date il a eu sa *dernière permission;*

20e *ESCADRON DU TRAIN.*

SERVICE AUTOMOBILE.

Section R. V. F., B. 342.

AVIS DE MUTATION.

Ordre *N°* 45276 *du C. S. A. de la* 21e *armée.*

Le *conducteur Beylie (Pierre-Henri), matricule* 052815, *de la Section R. V. F., B.* 342, est affecté *au Parc de réserve automobile Z* à la date du 1er *mai* 1917.

Aligné en solde et en vivres jusqu'au 30 *avril* 1917 inclus.

Aux Armées, le 1er *mai* 1917.

Le Lieutenant commandant la R. V. F., B. 342,

L. DUBOIS.

6° Le livret individuel sur lequel on aura inscrit la mutation;

7° Sa solde et sa haute paye jusqu'au jour inclus de la fin de son alignement en solde et vivres à la section expéditrice;

8° Un repas froid, s'il y a lieu;

9° La fiche d'habillement (faite en double exemplaire) qui aura été remise à jour et devra cadrer d'une façon parfaite avec le bulletin de passage.

On enverra par la poste, au commandant de l'unité réceptrice, le livret matricule du muté et sa fiche d'habillement (2e exemplaire).

L'envoi des pièces par la poste sera accompagné d'un bordereau.

CE QUE FERA L'UNITÉ RÉCEPTRICE.

1° Dès la réception de l'homme dans sa nouvelle formation, les papiers faisant l'objet de sa mutation sont apportés au bureau de l'unité:

2° Le nouveau commandant d'unité prend en charge les effets apportés par l'homme et, après avoir fait vérifier le bulletin de passage des effets, il signe ce bulletin, de même que le double de l'avis de mutation qui joue le rôle d'accusé de réception du muté, et renvoie ces deux pièces à l'unité expéditrice.

3° De plus, l'officier commandant fera enregistrer les effets apportés par l'homme, comme « *rentrées* », sur le carnet de comptabilité en campagne (chapitre IX, paragraphes 1, 2, 3 et 4).

4° Dans toute unité bien administrée, comme nous l'avons dit, on envoie par la poste, *en même temps que les pièces qu'on expédie, un bordereau indiquant la liste des pièces en question.*

Par conséquent, le commandant de l'*unité réceptrice* recevra du commandant de l'*unité expéditrice* un bordereau qui sera joint au livret matricule de l'homme et à sa fiche d'habillement.

Le commandant de l'unité réceptrice le signera dès qu'il aura reçu le tout et le renverra à l'unité expéditrice.

Schéma du mécanisme d'échange des pièces comptables et diverses dans la mutation d'un homme passant d'une formation à une autre.

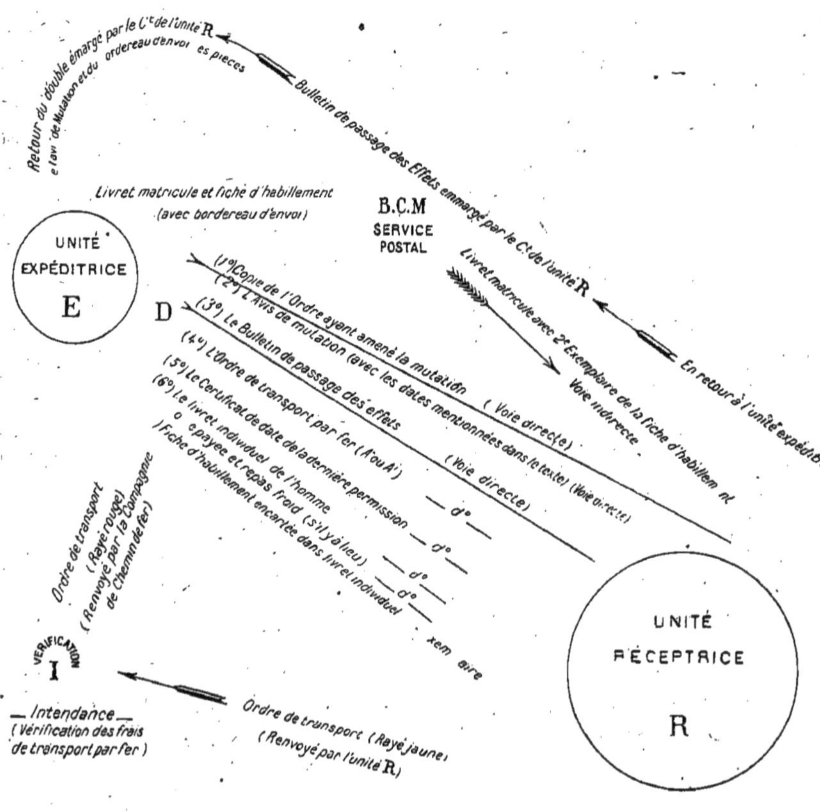

CONVENTIONS.

Nous appelons « voie directe » celle qu se rapporte à ce qui est emporté par l'homme; « voie indirecte », la voie postale.

(E) Unité expéditrice.

(R) Unité réceptrice.

(D) Gare de départ de l'homme

(I) Intendance.

5° Quand l'unité expéditrice a remis à l'homme un ordre de transport pour voyager par chemin de fer (soit du modèle Ai, soit du modèle A), il est à noter que :

a) La *partie rose* est retenue par la gare de départ, et la Compagnie de chemin de fer se servira ultérieurement de cette pièce en vue du remboursement, par l'Etat, du prix du voyage que l'homme a effectué afin de regagner sa nouvelle unité;

b) La partie rayée *jaune*, de l'ordre de transport, *qui aura servi* à l'homme muté *de billet de chemin de fer*, sera remise au bureau de la section réceptrice qui, à son tour, la fera parvenir à l'intendance en vue de la vérification ultérieure des comptes des compagnies de chemin de fer.

Remarque. — Nous signalerons qu'en bas de la partie rayée jaune se trouve *un petit coupon détachable*, qui sert en vue du remboursement des frais de déplacement.

Citons un exemple fréquent : un officier de l'intérieur est envoyé en mission dans une ville autre que celle où il est attaché. *Cet officier a droit, dans la majeure partie des cas, à des frais de déplacement.* Quand il retourne à son unité, le gradé comptable de cette formation se sert des deux petits coupons (l'un détaché de l'*ordre de transport d'aller* et l'autre détaché de l'*ordre de transport de retour*) pour se faire rembourser les frais de déplacement par le trésorier. Bien entendu, on joint à ces deux coupons la copie de l'ordre ayant prescrit le déplacement et le tout est présenté à l'agent du Trésor comme pièces justificatives.

TROISIÈME PARTIE.

COMPTABILITÉ EN DENIERS OU COMPTABILITÉ DES FONDS.

Nous diviserons la comptabilité en deniers d'une section en deux parties :

1° La comptabilité en deniers relative à la *solde du personnel* (y compris les indemnités, hautes payes, etc.);

2° La comptabilité en deniers *relative aux ressources et dépenses*, en argent, du *service de l'ordinaire*, c'est-à-dire du service relatif à la nourriture de la troupe. (Cette dernière comptabilité sera étudiée dans la quatrième partie.)

Notes générales destinées à faire comprendre très vite le mécanisme de la comptabilité-deniers.

Procédons par ordre :

Afin d'*effectuer les divers payements* qui lui incombent, l'*officier* commandant l'unité doit *connaître d'abord les diverses formalités qui lui permettront de toucher de l'Etat les fonds* qui sont *nécessaires à sa section.*

a) MÉCANISME DES DEMANDES DE FONDS.

Pour se procurer les deniers nécessaires à la formation automobile, il faut commencer par en faire la demande motivée. Cette demande prend le nom général d' « *Etat de solde* ».

Il y a deux sortes d'états de solde :

1° L'*état de solde* nécessaire au payement des *officiers* et du *personnel à solde mensuelle*. Il constitue, en principe, une demande dont le *montant* est *exact*, car elle est établie « *à terme échu* » (ou pour un terme supposé tel, car en pratique on l'établit le 25 de chaque mois).

2° *L'état de solde* nécessaire au payement du *personnel à solde journalière* et que l'on désigne, par abréviation, sous le nom d' « état de solde (*troupe*) ».

Il y a une différence bien nette entre l'état de solde (*troupe*) et l'état de solde (*officiers*).

En effet, alors que l'état de solde (officiers) *constitue une demande exacte*, l'état de solde (troupe) n'est qu'un *état de prévision*, c'est-à-dire que l'officier l'établit, *par avance*, en se basant sur des *dépenses probables.*

La demande, ainsi faite, ne peut, logiquement, être exacte, *car il est impossible de prévoir par avance les mutations qui arrivent à se produire dans une unité.*

On est donc amené à la conclusion suivante : c'est que, dans la plupart des cas, un état de solde (troupe) devra subir *une rectification ultérieure* par un moyen conventionnel quelconque.

Pour parler comme les mécaniciens, nous dirons que le « système de réglage », le « système de régulation » qui est utilisé s'appelle le système des « *trop-perçus* » et des « *moins-perçus* ».

Nous étudierons, *en rédigeant pratiquement* un état de solde (troupe), le moyen employé, que nous nous bornons à signaler ici.

b) Mécanisme de l'ordonnancement.

Nos lecteurs (sachant que nous ne poursuivons qu'un but : celui d'arriver, pour eux, à une assimilation rapide en employant les moyens les moins abstraits) nous permettront la comparaison suivante :

Considérons l'*Etat* comme le propriétaire d'une *firme industrielle* importante. Nous pourrons supposer, de plus, que cette affaire industrielle comprend :

1° Un fondé de pouvoir;

2° Un caissier;

3° Des chefs de division, qui ont des responsabilités propres, mais ne peuvent engager de dépenses sans l'approbation du fondé de pouvoir.

Dans notre comparaison, l'Intendance est le fondé de pouvoir qui donne son approbation aux dépenses justifiées.

Le fonctionnaire du Trésor qui versera les fonds à l'officier représente le caissier de l'Etat.

Le fonctionnaire de l'Intendance auquel l'officier a généralement affaire est un Sous-Intendant, avec lequel les commandants d'unité devront se mettre en relation en arrivant dans une armée.

Nous verrons que l'officier nouveau dans toutes les questions administratives pourra bien souvent obtenir, à l'intendance, *des renseignements, préventifs* en quelque sorte, qui lui éviteront souvent des rectifications.

Nous avons toujours procédé ainsi et n'avons qu'à nous en féliciter, ayant toujours reçu des fonctionnaires de l'intendance le meilleur accueil.

Au point de vue de la rentrée des fonds dans la caisse de l'unité, l'intendance donne donc son approbation. Cela s'appelle l'*ordonnancement des états de solde.*

Donc, en résumé, bien se rappeler ceci :

« Pour pouvoir toucher les états de solde, il faut donc les faire viser par l'intendance, les faire « *mandater* » ou « *ordonnancer* »; à ce moment-là seulement, ces états de solde seront transformables en espèces trébuchantes et sonnantes chez le trésorier-payeur (ou tout autre fonctionnaire du Trésor désigné par le sous-intendant).

c) Se rendre chez le trésorier-payeur avec le livret de solde.

Comme nous l'avons fait comprendre, le fonctionnaire du Trésor, le trésorier-payeur, par exemple, représente dans notre comparaison le caissier de la firme dont le propriétaire n'est autre que l'Etat.

Si nous suivons la filière des formalités à effectuer pour toucher les fonds nécessaires à notre section, on doit naturellement penser qu'il faut *donner quittance* au trésorier dès que ce dernier nous aura payé à vue les états de solde mandatés par l'intendance; il faudra également garder en quelque sorte une « *trace contradictoire* » des sommes reçues.

En principe, l'officier émarge, chez le trésorier, une pièce qui décharge en quelque sorte l'agent du Trésor de la somme correspondante.

Ensuite, l'officier remet au trésorier-payeur son « *livret de solde* » sur lequel sont inscrites, par l'agent du Trésor, les sommes reçues par le commandant de l'unité, ces fonds passant de la caisse de la firme Etat dans la caisse de l'unité (division de la firme Etat).

Nous étudierons un peu plus loin le « *livret de solde* »; l'officier prendra tout le soin possible de ce document comptable qui ne saurait être égaré.

En face des sommes inscrites par l'agent du Trésor, ce dernier indiquera, sur le *livret de solde*, le *nom du fonctionnaire de l'intendance* ayant effectué l'*ordonnancement*.

d) Manière employée pour obtenir la justification des payements effectués par le commandant de l'unité.

L'officier, sortant de chez le trésorier, a en portefeuille des sommes qui constituent l'*avoir de la caisse de son unité*.

Il devra, par conséquent, être à même de prouver à tous instants soit qu'il possède cet avoir en espèces, soit qu'il en fait un emploi motivé par la gestion même de son unité.

Alors, il va se produire deux cas bien déterminés dans la justification des versements effectués.

Premier cas. — S'il s'agit de sommes provenant des états de solde (officiers et personnel à solde mensuelle), elles feront l'objet d'une signature sur la feuille dite « d'émargement ».

Cette feuille, dont nous donnons par ailleurs un modèle avec exemple approprié, ne s'applique qu'aux officiers ou aux sous-officiers à solde mensuelle.

Donc, le commandant de l'unité a déjà une première série de signatures « donnant quittance ».

Deuxième cas. — En ce qui concerne les sommes qui ont été touchées du fait des états de solde (troupe), le commandant de l'unité a comme pièces justifiant, en tout ou en partie, l'emploi des fonds et leur arrivée à destination :

a) D'abord, les feuilles de prêt, pièces numériquement exactes indiquant l'utilisation par prêt des sommes destinées au personnel à solde journalière (cela en tant que solde, haute paye et primes fixes d'alimentation);

b) Ensuite, les carnets d'émargement ou « carnets de prêt », que les gradés et les hommes signent au moment où ils reçoivent leur prêt;

c) Enfin, le carnet d'ordinaire en campagne, qui, par les signatures diverses qu'il reçoit (fournisseurs, cuisinier de la formation, etc.), indique l'arrivée à destination des fonds de l'ordinaire.

(Pour le résumé de ce que nous venons d'exposer, voir le schéma synoptique des opérations principales de la comptabilité-deniers.)

Remarque importante. — Nous venons de dire que l'emploi des sommes touchées par le moyen des états de solde (troupe) était justifié, *en tout ou en partie*, par les feuilles de prêt. *Quand tout est justifié*, rien à faire remarquer; mais, quand la feuille de solde *représente plus ou moins* que ce qui est employé pour le prêt, il se produit ceci, *automatiquement :*

Ou une *entrée de fonds* dans la caisse de la section;

Ou un *retrait de fonds* de ladite caisse.

Mais, comme dès que le commandant d'unité a reçu les ressources provenant des états de solde, elles sont enregistrées aussitôt en recettes au registre-journal des recettes et dépenses (1), cette entrée ou ce retrait se trouvent aussi enregistrés automatiquement, du fait de l'inscription des feuilles de prêt au même registre des recettes et dépenses.

Toutes les opérations sont donc parfaitement régulières et se traduisent, en fin de compte, par la phrase suivante :

« *Quelles que soient les sommes touchées par le moyen des états de solde (troupe) et leur emploi ultérieur, justifié en tout ou en partie, la gestion des ressources susdites du commandant de l'unité concernant les sommes en caisse est toujours expliquée par la tenue régulière et au jour le jour du registre-journal des recettes et dépenses.* »

La conclusion importante de ce que nous venons de dire ressort donc clairement.

Exemple : Si un état de solde (troupe) amène dans la caisse de la section plus d'argent que n'en fera sortir la feuille de prêt correspondante, les sommes touchées *ne seront justifiées qu'en partie par la feuille de prêt. Mais comme, dès que l'officier est de retour de chez le trésorier-payeur, il enregistre en recettes* les sommes touchées, il s'ensuit que le jour où l'on enregistrera à son tour la feuille de prêt, il y aura dans la caisse un « trop-perçu ».

---

(1) Décrit à la page 114.

SCHÉMA SYNOPTIQUE

se rapportant aux opérations suivantes de la comptabilité-deniers.

1° Demande de fonds. — 2° Justification de leur emploi. — 3° Indication de leur arrivée à destination. — 4° Enregistrement des opérations effectuées.

L'Officier commandant l'unité obtient les fonds nécessaires à sa Section en faisant des demandes motivées ou « États de Solde » qui sont de deux sortes :

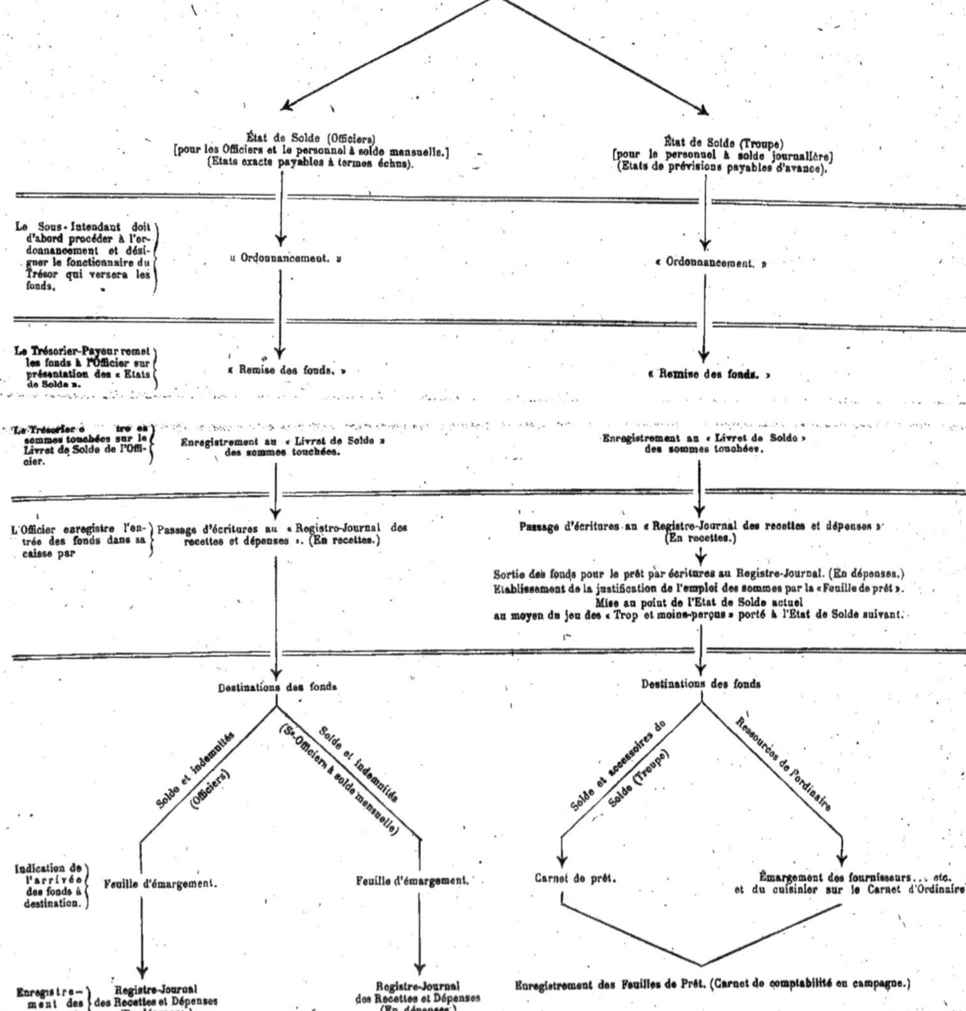

Cela n'a aucune importance, puisque ce trop-perçu *reste en caisse et qu'il est pour ainsi dire inscrit automatiquement sur le registre-journal des recettes et dépenses.* Tout est donc parfaitement régulier, l'officier devra simplement pouvoir produire, en cas d'inspection, les sommes résultant de la « *balance* » du *registre précité*.

Etude des états de soldo.

NOTE COMMUNE A TOUS LES ÉTATS DE SOLDE.

Pour mémoire, nous allons reprendre cette question.

Comme nous l'avons fait voir par le schéma synoptique, les états de solde sont, en quelque sorte, des *demandes* de fonds faites par l'officier commandant l'unité automobiliste.

Il y a, comme nous l'avons dit, deux sortes d'états de solde :

1° *Ceux établis pour le payement des officiers et du personnel à solde mensuelle;*

2° *Les états de solde du personnel à solde journalière.*

On établit toujours ces états (que cela soit le 1° ou le 2°) en double exemplaire, dont l'un est appelé « *Quittance* » et l'autre « *Déclaration de quittance* » (bleue).

Avant de toucher les fonds chez le trésorier-payeur, il est nécessaire d'envoyer les états de solde à l'intendance, pour la formalité de l' « *ordonnancement* »; on dit, également, que cette pièce comptable, après avoir reçu la mention : « *Bon à payer* » de l'intendance, est « *mandatée* ».

Etablissement des états de solde pour officiers et personnel à solde mensuelle.

Il nous suffit de lire l'en-tête des imprimés destinés à être utilisés pour l'établissement des états de solde (officiers), pour y trouver la marche à suivre, en pratique, pour les rédiger.

Nous lisons sur les *feuilles blanches* destinées aux « *quittances* » :

« *Etat pour servir au payement de la solde des officiers et des sous-officiers à solde mensuelle ainsi que des diffé-*

rentes indemnités payables comme la solde pendant le mois de... 191... »

Cela nous conduit, comme par la main, à l'étude :

1° Du *tarif de la solde* et des indemnités accordées aux officiers en raison de leur grade et de leur ancienneté;

2° Du *tarif de solde* et accessoires de solde des sous-officiers à solde mensuelle.

Connaissant toutes ces données, il nous sera facile d'établir les états de solde faisant l'objet de la présente étude.

Voici un tableau de solde (officiers) dont une partie doit être considérée comme donnée à simple titre documentaire :

Qu'il nous soit permis de remercier, ici, les officiers du service de l'Intendance qui ont bien voulu nous fournir les tableaux concernant la solde et les rations.

Quelles que soient les fluctuations subies par les chiffres, nous sommes certain que ces divers tableaux seront bien accueillis.

SOLDE MENSUELLE DES OFFICIERS (DANS L'ORDRE CROISSANT).

	fr.	c.
Sous-lieutenant :		
Avant 6 ans de service	240	»
Après 6 ans de service	270	»
Lieutenant :		
Avant 4 ans de grade	301	50
Après 4 ans de grade ou après 10 ans de service	331	50
Après 8 ans de grade ou après 4 ans de grade et 15 ans de service	361	50
Après 8 ans de grade et 20 ans de service	406	50
Capitaine :		
Avant 4 ans de grade	420	»
Après 4 ans de grade ou après 20 ans de service	465	»
Après 8 ans de grade ou après 4 ans de grade et 25 ans de service	510	»
Après 12 ans de grade ou après 8 ans de grade et 30 ans de service	555	»

	fr.	c.
Chef d'escadron :		
Avant 4 ans de grade.	600	»
Après 4 ans de grade ou après 32 ans de service.	675	»
Colonel.	990	»

Nous connaissons donc ce qu'il nous est nécessaire de savoir au point de vue de la solde des officiers.

Voyons maintenant la question des indemnités qui peuvent leur être allouées. Ces indemnités sont les suivantes :

1° L'indemnité représentative de vivres;

2° L'allocation journalière supplémentaire;

3° L'indemnité de frais de bureau;

4° L'indemnité d'officier d'approvisionnement;

5° L'indemnité de cherté de vie;

6° L'indemnité pour charge de famille;

7° L'indemnité d'entretien de harnachement.

Nous mettrons à côté de ces sept indemnités, mais un peu à part, car il s'agit du cas des officiers nouvellement promus, les deux suivantes :

8° L'indemnité de première mise d'équipement;

9° L'indemnité d'entrée en campagne.

Et enfin, nous parlerons du cas où l'officier aurait droit à :

10° L'indemnité de remplacement d'ordonnance;

11° L'indemnité de déplacement. (Voir fin du chapitre de la comptabilité en deniers.)

Remarque. — Au moment où le gradé comptable établit l'état de solde (officiers), il doit (pour ne point faire d'erreur) tenir compte de ce principe : « *l'indemnité de déplacement ne doit pas, dans son calcul, se cumuler avec l'indemnité représentative de vivres* ».

Ou c'est l'une, ou c'est l'autre.

ÉTUDE RAPIDE DES INDEMNITÉS POUVANT ÊTRE ACCORDÉES A L'OFFICIER.

1° *Indemnité représentative de vivres.*

Il est bon que l'officier qui arrive dans la zone des armées *se préoccupe du taux exact de cette indemnité*, qui est sujette à des fluctuations.

Le dernier taux que nous avons vu appliquer était de 2 *fr. 30* par jour. Cependant, nous mettons en garde nos lecteurs sur ce que ce chiffre ne peut avoir de valeur officielle qu'après confirmation, au moment où, arrivant aux armées, l'officier aura à établir son premier état de solde.

En conséquence, il devra s'inquiéter à l'intendance : 1° du taux exact de l'indemnité représentative de vivres; 2° et de *ce qu'elle représente exactement*.

(Nous insistons sur ce dernier point, car nous avons vu des indemnités représentatives de vivres *comprendre certaines allocations* qui n'étaient pas comprises dans d'autres.)

Donc ces deux points sont à élucider dès le début de toute comptabilité de section en arrivant aux armées.

2° *Allocation journalière supplémentaire.*

La valeur de cette allocation est par jour :

Pour les officiers, de	2	»
Pour les adjudants, de	1	»
Pour les sous-officiers à solde mensuelle, de	1	»
Pour les autres sous-officiers, de	0	75

Cette allocation, qui se rapporte à l'usure des effets, n'est due qu'aux officiers et sous-officiers qui sont dans la zone des armées.

Par conséquent, tout officier passant dans la zone de l'intérieur (affectation, permission) perd l'avantage de cette prime jusqu'au moment où il retourne dans la zone des armées.

3° *Indemnité de frais de bureau.*

Cette indemnité se décompte à raison de 19 fr. 50 par mois, soit 0 fr. 65 par jour, pour les sections automobiles.

4° *Indemnité d'officier d'approvisionnement.*

L'indemnité accordée aux officiers d'approvisionnement est de 1 franc par jour, soit 30 francs par mois de trente jours.

Les officiers d'approvisionnement des groupes qui sont

avec l'état-major desdits touchent cette indemnité qui, dans le temps, était accordée à tous les officiers commandants d'unités automobiles.

5° *Indemnité de cherté de vie.*

Elle ne peut être allouée, en principe, qu'aux officiers de l'armée active (sauf exception à étudier).

D'abord, il faut que l'officier ait bénéficié de cette indemnité au moment de la mobilisation pour qu'on la lui continue soit en entier, soit en partie, suivant qu'il est ou non père de famille.

Il y a donc là, pour l'officier commandant l'unité et pour le gradé comptable, intérêt, dans chaque cas particulier, à obtenir des renseignements exacts du service de l'Intendance dont la section dépend afin d'éviter toute erreur au moment de l'établissement de la feuille de solde.

A l'intérieur, il peut être accordé des indemnités de cherté de vie à tous les officiers, suivant la ville où ils se trouvent.

6° *Indemnité pour charge de famille* (*B. O.*, vol. n° 88 «Solde et revues »).

Les officiers ayant plus de deux enfants vivants ou à leur charge ont droit à une indemnité tous les trois mois.

Cette indemnité est payée *pour chaque enfant*, à partir du troisième, et y compris ce dernier.

Cela veut dire que, pour trois enfants vivants et à sa charge, il est alloué à l'officier, tous les trois mois, 50 francs; *pour quatre enfants*, tous les trois mois, 100 francs, etc., etc.

Remarque. — Il y a lieu d'observer, pour être dans le vrai, que si l'enfant a atteint ou dépassé 16 ans, il n'est plus considéré comme pouvant faire bénéficier son père (ou tuteur) de l'indemnité pour charge de famille.

Comme nous ne pouvons, sans sortir du cadre de cet ouvrage, entrer dans le détail de cas spéciaux, nous donnons comme conseil, à l'officier qui a quelque doute sur l'application de cette indemnité, de prendre toute information complémentaire au service de l'intendance, pour éviter erreurs et rectifications ultérieures.

7° *Indemnité d'entretien de harnachement.*

Pour qu'un officier puisse avoir droit à cette indemnité, il faut qu'*il soit monté* et détaché *provisoirement* au service automobile.

Cette indemnité, qui est de 4 fr. 50 par mois (ou 0 fr. 15 par jour), est allouée dans l'esprit que son bénéficiaire, pouvant redevenir officier monté, doit conserver son harnachement en état.

Remarque. — Il est donc très compréhensible que, si un officier est nommé dans le service automobile (et au titre de service) sans espoir de retour dans une formation montée, on lui supprime purement et simplement cette indemnité, qui n'a plus sa raison d'être.

A la suite des principales indemnités que nous venons d'énumérer, nous citerons encore les suivantes :

8° *Indemnité de première mise d'équipement.*

Cette indemnité, qui est de 250 francs pour les sous-lieutenants non montés, est accordée indistinctement à tous les officiers nommés depuis la mobilisation ou à nommer.

Les sous-lieutenants qui sont promus au titre d'une arme montée ont une indemnité de première mise d'équipement qui est égale à la précédente augmentée de 50 francs, soit de 300 francs.

Pour les adjudants promus officiers, nous portons l'attention sur ce qu'il est tenu compte de l'indemnité qui a été déjà touchée par ces sous-officiers au moment de la nomination à leur grade actuel.

En conséquence, les adjudants nommés sous-lieutenants ne touchent pas la prime de 250 francs (ou de 300 francs) précitée, mais bien l'une de ces sommes défalquée de l'indemnité déjà touchée par ces sous-officiers au moment de leur promotion à ce dernier grade.

9° *Indemnité d'entrée en campagne.*

Dès la mobilisation, les officiers (ainsi que les adjudants ou assimilés) ont droit à une indemnité d'entrée en campagne. Elle est payée, pour les officiers de l'intérieur, en deux fois :

La *première moitié* à la mobilisation ou au moment de la nomination au grade précité;

La *deuxième moitié*, au moment du départ pour une des formations de la zone des armées.

Voici un tableau de quelques-unes de ces indemnités suivant le grade :

	Fr.
Les adjudants touchent........................	100
(Remarquer que les adjudants passant sous-lieutenants ne perçoivent que la différence entre l'indemnité correspondante des sous-lieutenants et celle déjà perçue au titre d'adjudant.)	
Les sous-lieutenants non montés touchent......	400
Les sous-lieutenants montés touchent..........	500
Les capitaines non montés touchent............	600
Les capitaines montés touchent................	700

Remarques importantes. — 1° Il ne suffit pas qu'un officier de l'intérieur, ayant une mission dans la zone des armées, s'y rende pendant quelque temps pour qu'il ait droit à la deuxième moitié de l'*indemnité d'entrée en campagne.*

Il faut, au contraire, qu'il parte de l'intérieur *avec* une *affectation bien déterminée* dans une des formations séjournant en principe d'une façon constante dans la *zone des armées.*

2° *La totalité* de l'indemnité est *touchée une fois pour toutes.*

Un officier peut très bien être appelé à retourner plusieurs fois dans des formations de la zone des armées, sans que, pour cela, il ait droit *à nouveau* à la *deuxième moitié* de l'*indemnité d'entrée en campagne* qu'il a reçue une première fois.

10° *Indemnité de remplacement d'ordonnance.*

Elle est applicable aux officiers de l'intérieur qui n'ont pas droit à une ordonnance.

Cette indemnité est de 20 francs par mois.

Cas des officiers en permission.

Au moment de l'établissement des états de solde (pour les officiers et les sous-officiers à solde mensuelle), on doit tenir compte que tout officier permissionnaire n'a droit, pendant la durée de sa permission, qu'à sa solde mensuelle de présence.

L' « *allocation journalière supplémentaire* » et l' « *indemnité représentative de vivres* » ne sont pas dues à l'officier ni au sous-officier à solde mensuelle pendant la durée de leur permission.

Ces deux primes sont pour ainsi dire *inhérentes à la situation « aux armées »*.

Il faut donc, afin d'éviter des erreurs et des rectifications ultérieures, tenir compte de ces considérations quand on rédige les états de solde.

Remarque. — La question a été quelquefois posée de savoir si le temps du voyage devait être, ou non, traité comme le laps de temps qui représente la permission proprement dite, c'est-à-dire *avec défalcation* des indemnités représentatives de vivres et des allocations journalières supplémentaires.

Nous répondrons que nous avons vu résoudre cette question par l'affirmative. Cependant, comme les textes administratifs se complètent souvent par des circulaires ultérieures qui les modifient, nous conseillons, par acquit de conscience, aux commandants d'unités, de demander à l'intendance (au moment où cela leur sera utile) confirmation ou infirmation suivant les circulaires ou décrets modificatifs éventuels.

Renseignements complémentaires au sujet du personnel à solde mensuelle (autre que les officiers).

SOLDE ET ACCESSOIRES DE SOLDE.

Les sous-officiers qui ont accompli cinq années de service dans l'armée active ou plus de cinq années bénéficient de la solde mensuelle.

A) Soldes.

(Enumération des soldes mensuelles attribuables aux sous-officiers à partir de la 6e année de service.)

Nota. — Dans le décompte des années de service actif,

le temps passé sous les drapeaux depuis la mobilisation est compris.

TEMPS DE SERVICE ACTIF.	MARÉCHAL DES LOGIS.	MARÉCHAL DES LOGIS CHEF.	ASPIRANT.	ADJUDANT.	ADJUDANT-CHEF.
	fr. c.	fr. c.	fr. c.	fr. c.	fr. c.
De 6 à 8 ans (inclus).					
Solde mensuelle..............	126 00	135 00	154 50	177 00	207 00
Décompte journalier...........	4 20	4 50	5 15	5 90	6 90
De 9 à 11 ans (inclus).					
Solde mensuelle..............	133 50	142 50	154 50	184 50	207 00
Décompte journalier...........	4 45	4 75	5 15	6 15	6 90
Après les 11 ans de service.					
Solde mensuelle..............	141 00	150 00	162 00	192 00	207 00
Décompte journalier...........	4 70	5 00	5 40	6 40	6 90

B) *Accessoires de solde.*

(Enumération des « accessoires de solde » attribuables aux sous-officiers à solde mensuelle.)

1° Accessoires de solde communs aux officiers et sous-officiers a solde mensuelle.

1° *Allocation journalière supplémentaire.*

Il est à noter que cette allocation est de 2 francs pour les officiers et de 1 franc pour les sous-officiers à solde mensuelle (c'est-à-dire la même que celle des adjudants avant cinq ans de service actif).

2° *Indemnité pour charge de famille.*

Le mode de décompte est le même, qu'il s'agisse d'officiers ou de sous-officiers à solde mensuelle : 50 francs tous les trois mois à partir du troisième enfant de moins de 16 ans à la charge du bénéficiaire.

2° Autres accessoires de solde des sous-officiers a solde mensuelle.

Les sous-officiers à solde mensuelle touchent les *allocations en nature* (pain, viande, vin, tabac, etc.), mais ne reçoivent pas l'indemnité représentative de vivres allouée aux officiers. (*Cela, c'est pour la zone des armées seulement; pour la zone de l'intérieur, les sous-officiers à solde mensuelle n'ont pas droit aux allocations en nature.*)

L'indemnité de logement est également due aux sous-officiers dans les conditions déterminées par les textes administratifs y afférents (1).

Exemple pratique pour l'établissement d'un état de solde (officiers et sous-officiers à solde mensuelle).

Comme nous l'avons signalé, cet état de solde est payé à terme échu (tandis que l'état de solde [troupe] est payé d'avance).

On le produit tous les mois, et on l'envoie à la date du 25 environ, avec l'état de solde (troupe), au Service de l'intendance, pour l'ordonnancement.

Cet état est nominatif, il diffère encore en ce sens de l'état de solde (troupe) qui, lui, est purement numérique.

Il y a à rédiger :

1° L'état de solde *blanc*, que l'on appelle « Quittance »;

2° Et l'état de solde *bleu*, que l'on appelle « Déclaration de quittance ».

La *quittance* reste chez le trésorier-payeur (ou chez le fonctionnaire du Trésor ayant effectué le payement) et lui sert de décharge.

---

(1) Pour tous renseignements complémentaires, consulter le *B. O.*, vol. 88 et vol. 90 (Lavauzelle, éditeur).

La *déclaration de quittance* est également remise au trésorier-payeur, mais elle est ensuite expédiée, par les soins de ce dernier, au bureau spécial de comptabilité de l'escadron du train de rattachement.

L'escadron du train de rattachement est ainsi informé des sommes qui entrent dans les caisses des sections dépendant du bureau spécial de comptabilité de l'escadron du train précité.

ÉTABLISSEMENT DE LA QUITTANCE (feuille blanche).
(Voir page 73.)

Pour établir la quittance, on écrit d'abord la désignation du corps de rattachement.

Admettons que notre section dépende du 20e escadron du train des équipages militaires, nous inscrivons, en face de la mention : « Désigner le corps » :

« 20e escadron du train. »

Puis, au-dessous, comme nous devons indiquer s'il s'*agit d'un détachement*, — ce qui est le *cas pour une section automobile*, — nous écrirons le nom de la formation, que nous supposerons être la :

« Section R. V. F., B. 342. »

Ensuite, le nom et le grade de l'officier commandant l'unité :

« M. L. DUBOIS, lieutenant commandant. »

Nous indiquerons simplement la mention : « Aux armées » sur la ligne qui désigne l'endroit où est la section au moment où la demande que constitue l'état de solde (officier) est établie.

Comme il s'agit du payement de la solde du commandant de l'unité pour le *mois de mars 1916*, nous aurons à porter cette mention en marge, en haut et à gauche, au-dessous de la désignation du corps d'armée et de l'armée à laquelle nous appartenons.

A la place de la mention indiquant la division ou la brigade, mention que l'on raye, on met : « Sections automobiles », ou encore, on place le nom de la formation automobile considérée.

On intercalera également la mention indiquant le mois auquel se rapporte l'état de solde, dans l'espace laissé libre sur la phrase suivante (espace qui est représenté par des points) :

Etat pour servir au payement de la solde des officiers et sous-officiers à solde mensuelle ainsi que des différentes indemnités, etc., payables comme la solde pendant le mois de... 191... »

On écrit ensuite le nom de l'officier dans la colonne y afférente (colonne que nous avons appelée n° 3).

Notre section ne comportant qu'un seul officier et pas de sous-officiers à solde mensuelle, nous n'avons qu'à indiquer :

Colonne n° 3 (Nom et prénoms) : M. Dubois (Léon).

Colonne n° 4 (Grade et emploi) : Lieutenant commandant.

Colonne n° 5 (Classe) : marquons des guillemets, le grade de lieutenant ne comportant pas de classe.

Dans la colonne n° 6, nous indiquerons les dates (incluses) auxquelles se rapporte le payement, soit : « Du 1er au 31 mars 1916 inclus. »

Dans la colonne n° 7, le nombre de journées de présence, soit : 20, puisque nous supposons que l'officier est parti en permission de sept jours dans le mois de mars 1916 et que son absence, voyage compris, a duré onze jours.

Dans la colonne n° 8, nous marquerons le nombre de journées d'absence, soit : 11 journées.

Dans la colonne n° 9, nous indiquerons la solde de l'officier, qui est de 301 fr. 50 pour un lieutenant avant quatre ans de grade. (Pour les autres cas, consulter le petit tableau que nous avons donné à propos de la solde des officiers.)

Donc, le lieutenant de la R. V. F., B. 342 étant dans les conditions d'ancienneté que nous venons de citer, nous marquerons : 301 fr. 50 dans la colonne marquée par nous n° 9.

Dans la colonne n° 10, nous ne marquerons rien, car nous supposerons que l'officier en question ne touche pas de frais de service.

Dans la colonne n° 11, nous marquerons le nombre *30*, qui est celui correspondant aux frais de bureau qui se comptent à raison de 19 fr. 50 par mois (uniformément ramené à 30 jours en ce qui concerne cette indemnité de 19 fr. 50).

Dans l'une des colonnes n° 12 ou n° 13, nous indiquerons le nombre de journées pendant lesquelles l'officier *a eu droit à l'indemnité représentative de vivres;* cela nous donne le nombre : 20.

Enfin, dans l'une des colonnes n° 14, n° 15 ou n° 16, nous pourrons indiquer le nombre de jours correspondant *à l'allocation journalière supplémentaire.*

Cet officier a droit à cette allocation pendant le temps qu'il n'était pas absent (soit, comme pour l'indemnité représentative de vivres), pendant vingt journées. Nous marquerons alors le nombre : 20.

(Si notre section avait compris d'autres officiers ou sous-officiers à solde mensuelle, nous les aurions indiqués en dessous du nom de l'officier commandant et nous aurions suivi une marche identique pour les inscriptions, en tenant compte des petits tableaux relatifs aux soldes, tableaux donnés précédemment.)

Additions à effectuer.

Pour avoir le montant total des décomptes en deniers afférents à chaque officier ou sous-officier à solde mensuelle, nous additionnerons la colonne n° 9; elle donne, comme total à reporter : 301 fr. 50.

Pour les *frais de bureau*, le total du nombre de jours nous donne le nombre 30 (relatif à la colonne n° 11).

Enfin, pour le nombre de journées correspondant aux allocations journalières supplémentaires et à l'indemnité représentative de vivres, nous trouvons, comme totaux à reporter : 20 et 20.

La deuxième page n'est que la suite de la première à laquelle elle est identique; donc rien de nouveau à apprendre de ce côté.

Passons maintenant à la troisième page de l'état de solde faisant l'objet de notre étude.

Sur cette troisième page, on effectue les calculs relatifs aux décomptes en deniers des indemnités qui sont dues aux officiers et sous-officiers à solde mensuelle.

Comme l'officier unique de notre section a été absent pendant *onze* jours, nous avons marqué *11* pour mémoire dans la colonne du nombre de jours d'absence.

• CORPS D'ARMÉE.

DÉPARTEMENT

CE d

21e ARMÉE.

otions automobiles.

LDE ET INDEMNITÉS
s officiers, masses, etc.

Mois de mars 1916.

QUITTANCE.

cquit imputable sur la
bue du 1er trimestre 1916
pour (2) *les armées.*

(1) Indiquer le titre de l'ar-
le du budget.
(2) L'intérieur ou l'armée.
(3) On totalisera les jour-
par catégorie de solde.
(4) Cette colonne fait contre aux payeurs les sommes
bles de la retenue à exer-
en cas d'oppositions juri-
ques.

EXERCICE 1916.

1re SECTION. — TROUPES MÉTROPOLITAINES.

CHAP. , ART. DU BUDGET.

SERVICE DE LA SOLDE d (1)

MODÈLE N° 9 *a*.

Art. 24 du Règlement sur la solde et les revues.

Format : 0m,36 sur 0,23.

Désigner le corps.	*20e Escadron du Train.*
Indiquer s'il s'agit du corps entier, du dépôt ou d'un détachement.	*Section R. V. F., B. 342.*
S'il s'agit d'un détachement, porter le nom et le grade du commandant.	M. *L. Dubois, Lieutenant,* Commandant.
Indiquer si le corps est en station et dans quelle place, ou, s'il est en route, indiquer le lieu de départ et celui de la destination.	*Aux armées.*

ÉTAT pour servir au payement de la solde des Officiers et des Sous-Officiers à solde mensuelle, ainsi que des différentes indemnités, etc., payables comme la solde, pendant le mois de mars 1916.

NUMÉROS des		NOMS et PRÉNOMS (*a*).	GRADES et EMPLOIS.	CLASSES.	MUTATIONS et MOUVEMENTS (*b*).	NOMBRE de JOURNÉES (3)		MONTANT DU DÉCOMPTE EN DENIERS (4).	NOMBRE DE JOURNÉES D'INDEMNITÉ								
											pour cherté de la vie.		de monture				
bataillons.	compagnies, escadrons ou batteries					de présence.	d'absence.		pour frais de service.	pour frais de bureau.	*Indemnité représentative de vivres.*	N°	à	à	*Allocation journalière supplémentaire.*		
1	2	3	4	5	6	7	8	9	10	11	12	13	14	15	16	17	18
		M. L. Dubois	Lieutenant Ct	»	Du 1er au 31 mars inclus.	20	11	301 50	»	30	20	»	»	»	20		
					A reporter......	20	11	301 50	»	30	20	»	»	»	20		

(*a*) Tous les officiers et les sous-officiers à solde mensuelle, sans exception, appartenant à la portion du corps pour laquelle on établira cet état, y seront portés; mais les absents n'y figureront que pour mémoire, avec indication des motifs de l'absence.

(*b*) On indiquera dans cette colonne, à l'article de chaque officier, lorsqu'il y aura lieu : 1° les motifs de l'accroissement ou de la réduction de l'indemnité pour frais de bureau; 2° les motifs du droit aux indemnités pour pertes d'effets ou de chevaux, et le nombre de chevaux pour lesquels l'indemnité sera due, ainsi que les dates des décisions ministérielles qui auront accordé ces indemnités; 3° la position ou la promotion qui donnera droit à l'indemnité d'entrée en campagne ou au supplément de cette indemnité, ainsi que les dates des ordres spéciaux du Ministre de la guerre qui auront autorisé le payement de ladite indemnité. — On portera les noms des sous-officiers promus officiers et la date de leur promotion. — On indiquera aussi nominativement, à la suite des officiers, les militaires qui ont droit à une prime ou part de prime d'engagement ou de rengagement et le décompte de cette allocation.

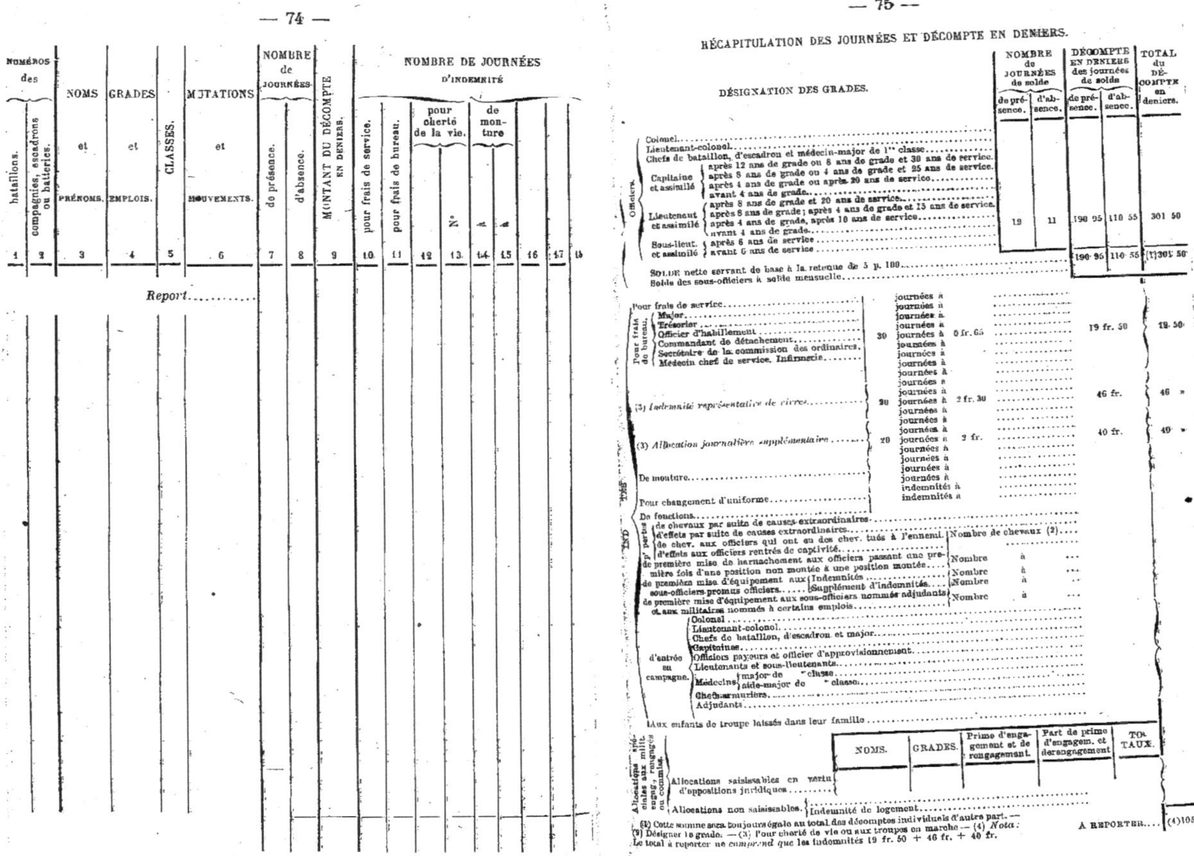

NUMÉROS des bataillons.	NUMÉROS des compagnies, escadrons ou batteries.	NOMS et PRÉNOMS.	GRADES et EMPLOIS.	CLASSES.	MUTATIONS et MOUVEMENTS.	NOMBRE de JOURNÉES de présence.	NOMBRE de JOURNÉES d'absence.	MONTANT DU DÉCOMPTE EN DENIERS.	NOMBRE DE JOURNÉES D'INDEMNITÉ pour frais de service.	pour frais de bureau.	pour cherté de la vie.	pour cherté de la vie. N°	de monture	de monture			
1	2	3	4	5	6	7	8	9	10	11	12	13	14	15	16	17	18
					Report..........												

RÉCAPITULATION DES JOURNÉES ET DÉCOMPTE EN DENIERS.

DÉSIGNATION DES GRADES.	NOMBRE de JOURNÉES de solde de présence.	NOMBRE de JOURNÉES de solde d'absence.	DÉCOMPTE EN DENIERS des journées de solde de présence.	DÉCOMPTE EN DENIERS des journées de solde d'absence.	TOTAL du DÉCOMPTE en deniers.
Officiers. Colonel					
Lieutenant-colonel					
Chefs de bataillon, d'escadron et médecin-major de 1re classe					
Capitaine et assimilé, après 12 ans de grade ou 8 ans de grade et 30 ans de service					
après 8 ans de grade ou 4 ans de grade et 25 ans de service					
après 4 ans de grade ou après 20 ans de service					
avant 4 ans de grade					
Lieutenant et assimilé, après 8 ans de grade et 20 ans de service					
après 8 ans de grade; après 4 ans de grade et 15 ans de service					
après 4 ans de grade, après 10 ans de service	19	11	190 95	110 55	301 50
avant 4 ans de grade					
Sous-lieut. et assimilé, après 6 ans de service					
avant 6 ans de service					
			190 95	110 55	(1)301 50
SOLDE nette servant de base à la retenue de 3 p. 100					
Solde des sous-officiers à solde mensuelle					

INDEMNITÉS

Pour frais de service		journées à			
Pour frais de bureau. Major		journées à			
Trésorier		journées à			
Officier d'habillement	30	journées à	0 fr. 65	19 fr. 50	19 50
Commandant de détachement		journées à			
Secrétaire de la commission des ordinaires		journées à			
Médecin chef de service. Infirmerie		journées à			
		journées à			
		journées à			
(3) *Indemnité représentative de vivres*	20	journées à	2 fr. 30	46 fr.	46 »
		journées à			
		journées à			
(3) *Allocation journalière supplémentaire*	20	journées à	2 fr.	40 fr.	40 »
		journées à			
De monture		journées à			
		journées à			
Pour changement d'uniforme		indemnités à			
		indemnités à			

De fonctions...

Pour pertes de chevaux par suite de causes extraordinaires...
d'effets par suite de causes extraordinaires...
de chev. aux officiers qui ont eu des chev. tués à l'ennemi. — Nombre de chevaux (2)...
d'effets aux officiers rentrés de captivité...

De première mise de harnachement aux officiers passant une première fois d'une position non montée à une position montée... — Nombre à ...

De première mise d'équipement aux sous-officiers promus officiers. Indemnités... — Nombre à ...
Supplément d'indemnités... — Nombre à ...

De première mise d'équipement aux sous-officiers nommés adjudants et aux militaires nommés à certains emplois... — Nombre à ...

D'entrée en campagne.
- Colonel...
- Lieutenant-colonel...
- Chefs de bataillon, d'escadron et major...
- Capitaines...
- Officiers payeurs et officier d'approvisionnement...
- Lieutenants et sous-lieutenants...
- Médecins major de classe...
- Médecins aide-major de classe...
- Chefs armuriers...
- Adjudants...

Aux enfants de troupe laissés dans leur famille...

Allocations spéciales aux milit. engag., rengagés ou commiss.

	NOMS.	GRADES.	Prime d'engagement et de rengagement.	Part de prime d'engagem. et derengagement	TOTAUX.
Allocations saisissables en vertu d'oppositions juridiques					
Allocations non saisissables. Indemnité de logement					

A REPORTER... (4)105 50

(1) Cette somme sera toujours égale au total des décomptes individuels d'autre part. — (2) Désigner le grade. — (3) Pour cherté de vie ou aux troupes en marche — (4) *Nota :* Le total à reporter ne *comprend que* les indemnités 19 fr. 50 + 46 fr. + 40 fr.

(a) Ne reporter, ici, que les indemnités totalisées à la page précédente.
(b) Reporter, ici, la solde 301 fr. 50.

			TOTAL du DÉCOMPTE en deniers.
		REPORT (a)...........	105 50
MASSES { individuelle : Prime journalière	journées à	ci........	
d'entretien du harnachement et ferrage pour	journées à	ci........	»
	journées à	ci........	
		....	
		....	
MASSE des écoles........................		....	
		TOTAL..................	105 50
(b) REPORT de la solde nette servant de base à la retenue de 5 p. 100.....			301 50
REPORT de la solde due aux sous-officiers recevant la solde mensuelle.........			» »
		TOTAL..................	407 »
À DÉDUIRE pour les officiers qui reçoivent le logement en nature...............			
		....	»
		....	
		RESTE A ORDONNANCER............	407 »

(1) Trésorier ou officier commandant quand il s'agit d'une portion de corps non pourvue de conseil; dans ce cas, on indique le nom de l'officier signataire.
(2) Cet état ne pourra être valablement arrêté que par un fonctionnaire de l'intendance militaire, sauf les exceptions prévues par l'article 22 du règlement sur la solde et les revues.
Le signataire inscrira lisiblement son nom et son grade.

CERTIFIÉ par nous (1) *Dubois (Léon), lieutenant command^t la R. V. F., B. 352*, le présent état montant à la somme de *quatre cent sept francs*, pour solde des officiers et sous-officiers à solde mensuelle et les autres causes y énoncées.

Aux armées, le 25 *mars* 1916.

VÉRIFIÉ : *Le Major.*

Le lieutenant Dubois,
commandant la section R. V. F., B. 342,
L. DUBOIS.

		Solde nette après la retenue de 5 p. 100.	Sommes non passibles de la retenue de 5 p. 100.
AUGMENTATIONS PAR SUITE : 1° Des décomptes de libération des revues; 2° De la rectification des revues; 3° Des ordres particuli^ers du Ministre. NOTA. — On devra détailler chaque article des augmentations.	(c) { VU ET VÉRIFIÉ par nous (2) *Dumontel, sous-intendant* employé *aux armées*, le présent état montant à......	Néant.	407 »
DIMINUTIONS PAR SUITE : 1° Des décomptes de libération des revues; 2° De la rectification des revues; 3° Des ordres particuli^ers du Ministre. NOTA. — On devra détailler chaque article des diminutions.	TOTAUX.........		
	(c)		
(3) Expliquer les motifs des retenues, indiquer le nom et le grade des officiers qui en sont passibles et relater les décisions qui les auront ordonnées.	RÉSULTAT modifié par ces rectifications....	Néant.	407 »
	À DÉDUIRE au profit du Trésor pour (3)..............		
	RESTE............	»	407 »
	TOTAL A ORDONNANCER.......	407 »	

(c) Partie à remplir, s'il y a lieu, par le fonctionnaire de l'intendance.
(d) Mention de l'ordonnancement remplie par l'intendance.
(e) Mention remplie par l'officier commandant.

(d) { NOUS ARRÊTONS en conséquence le présent état à la somme de *quatre cent sept francs* que nous mandons à M. *Hubert, payeur principal aux armées*, de payer à M. *L. Dubois*, pour solde et indemnités à MM. les officiers et sous-officiers à solde mensuelle pendant le mois de *mars* 1916 et pour les autres causes ci-dessus énoncées.

Aux armées, le 31 *mars* 1916.

(Ici, signature du fonctionnaire de l'intendance.)
DUMONTEL.

Montant des sous-délégations de crédit cumulées..............

Dernier crédit. { Numéro / Date

N°
au registre des mandats.

QUITTANCE.

(e) { Nous, soussigné, (1) *Dubois (Léon), lieutenant command^t la R. V. F., B. 342*, reconnaissons avoir reçu de M. *Hubert*, payeur principal, la somme de *quatre cent sept francs* portée au présent mandat.

Aux armées, le 2 *avril* 1916.

Le lieutenant Dubois,
commandant la section R. V. F., B. 342,
L. DUBOIS.

95e CORPS D'ARMÉE

DÉPARTEMENT

d

PLACE d

21e ARMÉE.

Sections automobiles.

SOLDE ET INDEMNITÉS des officiers, masses, etc.

Mois de *mars* 1916.

Déclaration de quittance

Acquit imputable sur la revue du e trimestre 191 . pour (2)

(1) Indiquer le titre de l'article du budget.

(2) L'intérieur ou l'armée.

EXERCICE 191

CHAPITRE . — ARTICLE DU BUDGET.

SERVICE de la Solde d (1)

MODÈLE N° 9 B.

Art. 24 du règlement sur la solde et les revues.

Format : 0m,36 sur 0m,23.

Désigner le corps.	*20e Escadron du Train.*
Indiquer s'il s'agit du corps entier, du dépôt ou d'un détachement.	*Section R. V. F., B. 342.*
S'il s'agit d'un détachement, porter le nom et le grade du commandant.	*M. DUBOIS (Léon), Lieut*t, commandant.
Indiquer si le corps est en station, et dans quelle place, ou, s'il est en route, indiquer le lieu du départ et celui de la destination.	*Aux Armées.*

EXTRAIT de l'état dressé pour servir au payement de la solde des officiers et des sous-officiers à solde mensuelle, ainsi que des différentes indemnités, etc., payables comme la solde pendant le mois de mars 1916.

MONTANT DES DÉCOMPTES PORTÉS SUR CET ÉTAT, SAVOIR :

§ 1er.			Solde nette servant de base à la retenue de 5 p. 100 (officiers)	301 fr. 50
			Solde mensuelle des sous-officiers	» »
			TOTAL	301 fr. 50
§ 2.	Indemnités	Pour frais	de service	» »
			de bureau	19 fr. 50
			Aux troupes en marche	
			Indemnité représentative de vivres (20 *jours à* 2 *fr.* 30)	46 fr. 00
			Pour cherté de vie : *allocation journalière supplémentaire* (20 *jours à* 2 *francs*)	40 fr. 00
			Pour changement d'uniforme	
			De fonctions	
		Pour perte	de chevaux, par suite de causes extraordinaires	
			d'effets, id.	
			de chevaux tués à l'ennemi	
			d'effets aux officiers rentrant de captivité	
			De première mise de harnachement	
			De monture	
			De première mise d'équipement aux sous-officiers promus officiers	
			De première mise d'équipement aux sous-officiers nommés adjudants et aux militaires nommés à certains emplois	
			D'entrée en campagne	
			Aux enfants de troupe laissés dans leur famille	
			Allocations spéciales aux militaires servant au delà de la durée légale	
	Pour masses		Individuelle : prime journalière	
			D'entretien du harnachement et ferrage	
			Des écoles	
			TOTAL	105 fr. 50
			Report de la somme ci-dessus, § 1er	301 fr. 50
			TOTAL	407 fr. »
			A déduire pour les officiers qui reçoivent le logement en nature	
			Reste à ordonnancer	407 fr. »

(1) Trésorier ou officier commandant quand il s'agit d'une portion de corps non pourvue de conseil. Dans ce cas, on indique le nom de l'officier signataire.

(2) Cet état ne pourra être valablement arrêté que par un fonctionnaire de l'intendance militaire, sauf les exceptions prévues par l'article 22 du règlement sur la solde et les revues.

Le signataire inscrira lisiblement son nom et son grade.

(3) Expliquer les motifs des retenues ; indiquer le nom et le grade des officiers qui en sont passibles, et relater les décisions qui les auront ordonnées.

Certifié par nous (1) *Dubois* (*Léon*), *Lieutenant commandant*, le présent état, montant à la somme de *quatre cent sept francs*, pour solde des officiers et sous-officiers à solde mensuelle et les autres causes y énoncées.

Aux Armées, le 3 *avril* 1916.

VÉRIFIÉ :
Le Major,

Le Trésorier,
Le Lieutenant Dubois,
Commandant la section R. V. F. B. 342.
L. DUBOIS.

		SOLDE nette après la retenue de 5 p. 100.	SOMMES non passibles de la retenue de 5 p. 100.
	Vu et VÉRIFIÉ par nous (2) *Dumontel, Sous-Intendant* employé *aux armées*, le présent état, montant à la somme de........................	407 fr. 00	
AUGMENTATIONS PAR SUITE : 1° Des décomptes de libération des revues ; 2° De la rectification des revues ; 3° Des ordres particuliers du Ministre. NOTA. — On devra détailler chaque article des augmentations.	(a)		
	TOTAUX..................	407 fr. 00	
DIMINUTIONS PAR SUITE : 1° Des décomptes de libération des revues ; 2° De la rectification des revues ; 3° Des ordres particuliers du Ministre. NOTA. — On devra détailler chaque article des diminutions. *a*) Ces parties sont à remplir, s'il y a lieu, par le fonctionnaire de l'intendance.	(a)		
	RÉSULTATS modifiés par ces rectifications.......		
	A DÉDUIRE au profit du Trésor pour (3)		
	RESTE............		
	TOTAL à ordonnancer........		

Montant des sous-délégations de crédit cumulées.

Dernier crédit. { Numéro. { Date.

b) Partie indiquant la formalité de l'ordonnancement remplie par le fonctionnaire de l'intendance.

(b) Nous arrêtons en conséquence le présent état à la somme de *quatre cent sept francs*, que nous mandons à M. *Hubert*, payeur principal *aux armées*, de payer à M. *Dubois* (*Léon*), pour solde et indemnités à MM. les Officiers et sous-officiers à solde mensuelle pendant le mois de *mars* 1916 et pour les autres causes ci-dessus énoncées.

Aux Armées, le 31 *mars* 1916.

Signé par le fonctionnaire de l'intendance,
DUMONTEL.

N°
du registre des mandats.

DÉCLARATION DE QUITTANCE.

Nous, soussigné (1) *Dubois* (*Léon*), *Lieutenant Commandant la R. V. F. B.* 342, déclarons avoir donné à M. *Hubert*, payeur principal aux armées, quittance de la somme de *quatre cent sept francs* portée au présent mandat,

Aux Armées, le 3 *avril* 1916.

Le Lieutenant Dubois,
Commandant la section R. V. F., B. 342.
L. DUBOIS.

Ce nombre est important, car il correspond à la suppression de l'indemnité représentative de vivres et de l'allocation journalière supplémentaire pendant le temps d'absence de l'officier (ou du sous-officier à solde mensuelle, en ce qui concerne l'allocation journalière supplémentaire).

A côté, nous avons marqué le nombre 19 comme jours de présence de l'officier dans le mois de mars 1916.

Remarquer que c'est exprès que nous procédons ainsi, et qu'en indiquant les nombres 11 et 19, nous ramenons le nombre de jours du mois à 30, tout en laissant subsister le nombre 11, qui est le seul intéressant au point de vue du calcul des indemnités.

Les autres calculs sont très simples et nettement indiqués.

Au bas de la troisième page est simplement marqué le total du décompte des indemnités qui sera reporté à la quatrième page pour addition finale.

Sur la quatrième page, on retrouve :

1° L'addition finale : « *Solde et indemnités* »;

2° La mention de l'*officier commandant* l'unité, qui *certifie que « le présent état de solde s'élève* au montant calculé de quatre cent sept francs » (écrit en toutes lettres);

3° Un tableau des *augmentations* et *diminutions* que l'intendance peut faire subir au montant de l'état de solde pour motifs divers (notamment les *retenues sur les soldes*);

4° La mention du fonctionnaire de l'intendance qui indique la formalité de l' « ordonnancement » et l'arrêté de l'état de solde (officiers) à une somme de...

Par cette mention, l'intendance « *mandate* » ou « *ordonnance* » l'état de solde et donne à l'officier le droit d'aller toucher les fonds chez l'agent du Trésor qu'elle désigne nominativement;

5° Enfin, on trouve comme dernière mention la « *quittance* ».

Par son libellé : L'officier commandant l'unité reconnaît avoir reçu du payeur principal, par exemple, la somme représentant le montant ordonnancé de l'état de solde (la somme est écrite en toutes lettres).

DÉCLARATION DE QUITTANCE (feuille bleue).

(Voir page 77.)

La *feuille bleue* est un *exemplaire simplifié* de la feuille blanche.

Il suffit de regarder l'exemple que nous avons donné pour se convaincre que la « *déclaration de quittance* » se rédige sensiblement de la même manière que la « *quittance* » (feuille blanche).

Nous n'avons donc rien à ajouter à nos précédentes explications, puisque le lecteur, comprenant l'une des rédactions, comprendra l'autre.

La feuille bleue (« *Déclaration de quittance* ») est destinée au bureau spécial de comptabilité de l'escadron du train de rattachement.

Cette feuille servira comme vérification et restera au bureau spécial de comptabilité comme pièce comptable à l'appui des sommes entrées dans la caisse de la section.

Etude du livret de solde.

Nous ne saurions aller plus loin dans notre étude sans, logiquement, parler du « *livret de solde* » que l'officier *doit apporter chez le trésorier-payeur au moment où il va toucher les états de solde.*

Le livret de solde (que nous avons entendu appeler quelquefois *Carnet de solde*) est un petit registre de poche, qui doit être considéré comme très important.

Là-dessus sont écrites, par le trésorier-payeur (ou tout autre fonctionnaire du Trésor ayant qualité pour cela), toutes les sommes versées à l'officier.

Nous disons « *toutes les sommes* » et nous pouvons ajouter : « *quel que soit leur emploi ultérieur* ».

On pourrait dire — si l'on peut s'exprimer ainsi — que les inscriptions au livret de solde, faites par l'agent du Trésor, forment, en quelque sorte, *la série des reçus des sommes touchées par le commandant d'une unité,* au titre de cette unité, *mais inscrites de la main du fonctionnaire du Trésor.*

Si nous insistons ainsi sur l'importance du livret de solde, c'est qu'il ne s'agit point là d'un registre que l'on peut se procurer comme un simple imprimé de comptabilité!...

En effet, *ce carnet porte mention de la décision même qui autorise l'officier à établir les états de solde* et, par suite, à en percevoir le montant dès qu'ils sont mandatés.

Cette décision est celle prise par le conseil d'administration de l'escadron du train de rattachement.

Le livret de solde *accrédite*, en un mot, l'officier arrivant dans une armée auprès de l'intendance et, par suite, auprès du fonctionnaire du Trésor où les fonds sont touchés.

Le commandant d'une formation automobile doit considérer son livret de solde comme une sorte de *pièce d'identité* qu'il conservera avec le même soin que tout soldat apportera à conserver son « *livret individuel* ».

Le livret de solde est une *pièce annuelle*, renouvelée aux frais de l'officier commandant; ce livret est *coté* et *paraphé* par le sous-intendant ou tout autre fonctionnaire de l'intendance ayant qualité pour cela.

De plus, l'officier commandant la formation automobile doit apposer, en deuxième page, sa signature qui est en quelque sorte (à notre avis) le *spécimen officiel de ladite*, car à tous points de vue on ne saurait admettre pour la même personne des signatures différentes.

DESCRIPTION DU LIVRET DE SOLDE.

Si nous examinons le livret de solde, qui est tenu à « livre ouvert », nous trouvons, sur la page de gauche :

Colonne n° 1 (1). — Le numéro d'inscription au registre-journal des recettes et dépenses (registre qui fera de notre part l'objet d'une étude ultérieure).

Ce numéro est en quelque sorte un chiffre de référence permettant de retrouver au registre-journal l'entrée des sommes en « recettes ».

La *colonne n° 2* indique les endroits exacts et les dates auxquels les payements ont été effectués.

Enfin, la *colonne n° 3* de la page de gauche porte, en toutes lettres, de la main du trésorier-payeur (par exemple), la valeur exacte des sommes touchées et la signature du fonctionnaire du Trésor ayant procédé aux payements.

---

(1) Nous avons numéroté les colonnes du livret de solde pour la facilité de nos explications.

Spécimen d'une page du carnet de solde de l'officier commandant une formation automobile.

NUMÉRO D'INSCRIPTION au registre-journal.	DATES DES PAYEMENTS. — Endroit où ils ont été effectués.	A mentionner en toutes lettres : ENREGISTREMENT DES SOMMES PORTÉES SUR LES ÉTATS DE SOLDE ORDONNANCÉS et autres mandats de payement.	NOMS ET GRADES DES FONCTIONNAIRES de l'intendance ayant procédé à l'ordonnancement.	SOMMES REPRÉSENTANT LE MONTANT du mandat.	LES RETENUES à y effectuer.	LE MONTANT NET à payer.
1	2	3	4	5	6	7
13	1916 *1er décembre 16* *Compiègne.*	*Versé cent quatre-vingt-dix francs pour payement de la solde (troupe) (1re quinzaine de décembre).* Le payeur principal aux armées, HUBERT.	*Dumontel,* *sous-intendant.*	*190 fr.*	*Néant.*	*190 fr.*
15	*18 décembre 16* *Compiègne.*	*Payé deux cent trente francs pour règlement de la solde (troupe) (2e quinzaine de décembre).* Le payeur principal aux armées, HUBERT.	*Dumontel,* *sous-intendant.*	*230 fr.*	*Néant.*	*230 fr.*
29	*15 Décembre 16* *Compiègne.*	*Payé quatre cent quatre-vingt-dix-huit francs et cinquante-cinq centimes (solde officier pour décembre).* Le payeur principal aux armées, HUBERT.	*Dumontel,* *sous-intendant.*	*498 fr. 55*	*Néant.*	*498 fr. 55*

La page de droite du livret de solde contient les énonciations suivantes :

Colonne n° 4. — Sur la page de droite se trouvent inscrits les noms et grades des sous-intendants ayant mandaté (ou ordonnancé) les états de solde.

Colonnes n°s 5, 6 et 7. — Les retenues (pour délégation de payement qu'un officier a consentie) sont inscrites (colonne 6) en chiffres, à côté des sommes indiquant le montant brut des états de solde (colonne 5).

Enfin, dans la colonne 7, se trouvera inscrit le montant net touché (c'est-à-dire le montant de l'état de solde diminué des retenues).

Etude de la feuille d'émargement.

(Voir page 85.)

Afin de pouvoir suivre l'arrivée des fonds à destination, nous allons placer ici l'étude rapide de *la feuille d'émargement servant au payement de la solde des officiers et sous-officiers à solde mensuelle.*

Les feuilles d'émargement, *qui sont renouvelables tous les mois*, jouent exactement le même rôle, par rapport au personnel à solde mensuelle, que celui des « carnets d'émargement » ou « carnets de prêt » (dont nous donnerons un modèle) pour la troupe. Ces pièces comptables doivent servir d' « index d'arrivée des fonds à leur destination ».

Les feuilles d'émargement indiquent, comme bien on le pense, les unités automobiles auxquelles elles se rapportent, l'escadron du train de rattachement ainsi que le trimestre et le mois en cours. Elles portent également mention du *nom*, du *grade*, de la *période de temps* relative aux payements effectués, puis le détail des sommes touchées en tant que soldes de présence, d'absence, en tant qu'indemnités. Enfin, elles indiquent le total des sommes touchées et les émargements après versements.

SOLDE
ET ACCESSOIRES DE SOLDE.

TRAITEMENT
DES OFFICIERS
ET DES SOUS-OFFICIERS
à solde mensuelle.

1er TRIMESTRE.

Mois de *mars* 1917.

(1) Désigner la portion du corps.

N° 75
au registre-journal.

ANNÉE 1917.

Désigner le corps. *20e Escadron du train des équipages militaires.*

(1) *Section automobile R. V. F, B. 342.*

MODÈLE N° 42.

Règlemt du 20 mars 1906 sur l'administration des corps de troupe. (Dispositions générales.)

Format du papier : Haut., 0m,36 ; larg., 0m,23.

FEUILLE D'ÉMARGEMENT

pour servir au payement de la solde de MM. les officiers et sous-officiers à solde mensuelle, pour le mois de mars 1917.

NOTA. — Nous avons supprimé le bas de la feuille d'émargement, qui se continue identique à elle-même et qui ne présente pour notre étude aucune espèce d'intérêt.

NOMS.	GRADES et EMPLOIS.	MUTATIONS.	DÉSIGNATION des SOLDES ET INDEMNITÉS.	NOMBRE DE JOURNÉES. 1er payement.	2e payement.	3e payement.	DÉCOMPTE DE SOLDE de présence.	d'absence.	EN DENIERS DES JOURNÉES D'INDEMNITÉS pour frais de service.	pour frais de bureau.	pour cherté de la vie. N° 1.	N° 2.	N° 3.	N° 4.	aux troupes en marche.	pour travaux topographiques.	*Indemnité représentative de vivres à 2 fr. 30.*	*Allocation journalière supplémentaire à 2 fr.*	INDEMNITÉS POUR changement d'uniforme.	perte d'effets ou de chevaux	entrée en campagne.	première mise de harnachement.	première mise d'équipement.	INDEMNITÉ DE LOGEMENT.	TOTAUX.	A DÉDUIRE pour logement en nature.	RESTE A PAYER.	ÉMARGEMENT.	TOTAUX des payements du mois.
				fr. c.			fr. c.			fr. c.							fr. c.	fr. c.							fr. c.		fr. c.		fr. c.
L. Dubois	*Lieutenant commandant*	*Solde du 1er au 31 mars* 1917 (1).	Solde de présence.	31 00			301 00			19 50							46 00	40 00							407 00	Néant	407 00	*L. Dubois.*	407 00
			Id. d'absence.	»			»			»							»	»							»		»		
			Indemnité........	20 00			»			»							»	»							»		»		
			Solde de présence																										
			Id. d'absence.																										
			Indemnité........																										
			Solde de présence.																										
			Id. d'absence.																										
			Indemnité........																										
			Solde de présence.																										
			Id. d'absence.																										
			Indemnité........																										
			Solde de présence.																										
			Id. d'absence.																										
			Indemnité........																										

(1) ***Note explicative pour le lecteur.*** — L'officier est supposé avoir eu une permission de 7 jours et 4 jours de voyage : il touche sa solde entière, mais non les indemnités représentatives de vivres ni les allocations journalières supplémentaires, et cela pendant les 11 jours qu'il a passés en dehors de la zone des armées.

Certifié par nous, Trésorier, la présente feuille d'émargement à la somme de

A , le 191 .

Vérifié :
Le Major,

Vu :
Sous Intendant militaire,

Etude des états de solde (troupe).

Les états de solde que nous désignons sous le terme abréviatif d'état de solde (troupe) s'appliquent *au personnel à solde journalière* et permettent à l'officier commandant de toucher les fonds nécessaires pour *le payement : du prêt, des primes d'alimentation, des hautes payes*, etc.

Ces états de solde sont fournis par l'officier en deux exemplaires, tout à fait comme pour ceux qui concernent le personnel à solde mensuelle. Il y a donc la « *quittance* » et la « *déclaration de quittance* ».

Si nous prenons la *feuille blanche*, dite « Quittance », nous lisons, en tête, la définition suivante de son rôle :

« *Etat présentant la somme nécessaire pour assurer le payement de la solde journalière, des hautes payes, des primes pour l'alimentation et des indemnités aux sous-officiers, caporaux ou brigadiers et soldats pendant la* ..e *quinzaine du mois de... 191...* »

Si nous prenons la *feuille bleue*, dite « *Déclaration de quittance* », nous constatons que cette dernière est sensiblement identique à la « *quittance* ».

La quittance est gardée par l'agent des finances (trésorier-payeur, payeur principal, etc.) qui a versé les fonds à l'officier. C'est une pièce comptable qui reste dans les mains de l'agent du Trésor, comme témoin des versements qu'il fait au nom de l'Etat.

Quant à la feuille bleue (« Déclaration de quittance »), comme dans le cas analogue pour l'état de solde (officiers), c'est une pièce d'archives destinée à la centralisation qui est faite au bureau spécial de comptabilité du corps; lisez : de l'escadron du train de rattachement.

On voit donc que l'on applique exactement, *jusqu'ici*, les mêmes principes pour les deux catégories d'états de solde.

La différence très nette qui existe entre les deux systèmes est la suivante :

L'officier doit, en principe, toucher l'argent des états de solde du personnel à *solde mensuelle à termes échus*, tandis que l'état de solde (troupe) est touché *en avance;* l'officier *prévoit* donc, par ce dernier état, qu'il aura besoin de telle ou telle somme pour un prêt *à venir*, quitte, s'il a vu trop grand ou trop petit, à rectifier ensuite les sommes touchées par ce que nous appellerons « un système de réglage ou de mise au point ».

C'est ce que l'on désigne sous le nom de rectifications à l'aide des « *trop-perçus* » ou des « *moins-perçus* ».

Exemple pratique d'établissement d'un état de solde (troupe).

Nous allons établir un de ces états de solde; nous conseillons au lecteur de prendre un des imprimés correspondants et de le remplir sous notre dictée.

Comme personnel, nous supposerons toujours qu'il s'agit de notre R. V. F., B. 342, avec des hommes pris en subsistance, à la suite d'un *ordre inattendu*... comme par hasard! Cela nous permettra de faire jouer le mécanisme des moins-perçus, car, dans le précédent état de solde, nous avions prévu la marche de notre section avec son petit trantran habituel.

Rien ne pouvait faire que nous procédions autrement. Quand l'ordre inattendu est survenu, nous annonçant l'arrivée d'un personnel subsistant, nous avions « *perçu en moins* » le *prêt* et *accessoires de prêt* concernant ces subsistants, d'où la mise en jeu des « *moins-perçus* » dans l'état de solde suivant, afin de récupérer l'avance de fonds que nous aurons été obligés de faire pour payer le personnel non prévu.

Nous avons l'effectif suivant (1) :

1° *Deux maréchaux des logis* (faisant partie du personnel fixe). Remarquez, cher lecteur, qu'il pourrait très bien n'y avoir qu'un seul sous-officier et que cela ne changerait en rien le calcul à effectuer ou le principe de la rédaction de l'état de solde;

2° *Un sergent subsistant.*

Nous supposons, en effet, que notre section de R. V. F. vient d'être rattachée à une division indépendante et que les nécessités du ravitaillement de cette division ont eu pour conséquence de nous adjoindre un certain personnel de C. O. A. (commis et ouvriers d'administration) que nous avons dû prendre en subsistance.

---

(1) A la date du jour de l'établissement de l'état de solde que nous étudions.

Dans la rédaction de l'état de solde (troupe), nous avons assimilé notre sergent (C. O. A.) à un maréchal des logis, d'où le chiffre 3 de la première colonne, intitulée : « Nombre d'hommes présents à la date de l'établissement de l'état de solde » (soit au 25 février 1916).

La première quinzaine de mars, pour laquelle nous prévoyons les fonds, devra accuser : $15 \times 3 = 45$ jours de présence de maréchaux des logis (car nous supposerons notre effectif invariable pendant ces quinze jours, afin d'avoir une base pour notre demande, *base qui sera modifiée plus tard si c'est utile*).

Pour faire le décompte en deniers de la solde de présence, cherchons quelle est la solde journalière d'un maréchal des logis ou assimilé.

Pour cela, consultons le petit tarif de solde ci-dessous :

Personnel à solde journalière (1).

Petit tableau-memorandum de la solde.

POUR :	Soldats.	Brigadier ou assimilé.	Brigadier fourrier.	Maréchal des logis ou assimilé.	Maréchal des logis-chef ou assimilé.	Aspirant.	Adjudant.	Adjudant-chef.
	fr. c.	fr. c.	fr. c.	fr. c.	fr. c.	fr. c.	fr. c.	fr. c.
1 jour....	0 25	0 42	0 72	0 92	1 22	2 00	2 44	3 19
15 jours...	3 75	6 30	10 80	13 80	18 30	30 00	36 60	47 85
16 jours...	4 00	6 72	11 52	14 72	19 52	32 00	39 04	51 04

Nous donnons le calcul de la solde pour quinze jours et pour seize jours. On peut se servir de la deuxième ligne et de la troisième ligne pour faire des vérifications très simples au moment où l'on calcule les états de solde.

Nous aurons l'occasion d'en reparler.

Etant donné que le calcul des états de solde (troupe) mentionne (s'il y a lieu) le décompte des hautes payes, il est nécessaire de pouvoir connaître le montant de ces pri-

(1) Ce tableau est donné sauf fluctuations, faire les rectifications nécessaires s'il y a lieu et tenir compte du principe.

mes d'ancienneté dont nous donnons ci-après un petit tableau.

Hautes payes d'ancienneté.

(Extrait de la modification du tarif n° 9 du 11 janvier 1913 en date du 25 décembre 1915.)

<table>
<tr><th>BÉNÉFICIAIRES.</th><th>APRÈS 3 ANS DE SERVICE.</th><th>APRÈS 6 ANS DE SERVICE.</th><th>APRÈS 10 ANS DE SERVICE.</th></tr>
<tr><td>Sous-officiers et assimilés............</td><td>1 fr. 00</td><td colspan="2">Après 5 ans de service, il n'y a pas lieu de spécifier de hautes payes, car les sous-officiers passent à la solde mensuelle qui est exclusive de cette prime.</td></tr>
<tr><td>Caporaux...........
Brigadiers...........
Brigadiers fourriers.</td><td>0 fr. 60</td><td>0 fr. 65</td><td>0 fr. 70</td></tr>
<tr><td>Soldats.............</td><td>0 fr. 20</td><td>0 fr. 25</td><td>0 fr. 30</td></tr>
</table>

A titre de curiosité, nous dirons que ce tarif indique en outre :

1° Que la haute paye de soldat est attribuée aux musiciens qui reçoivent la solde de caporal;

2° Que la haute paye de soldat est attribuée aux « maîtres pointeurs » qui servent au delà de la durée légale.

Reprenons le calcul qui concerne l'établissement de notre état de solde (troupe). Nous trouvons 45 jours de maréchaux des logis ou assimilés.

Ces maréchaux des logis sont, comme nous le montre notre petit tableau, à la solde de 0 fr. 92 par jour.

Donc, le décompte en deniers des journées de présence à inscrire dans la colonne (que nous avons appelée n° 3) sera :

$$45 \times 0{,}92 = 41 \text{ fr. } 40.$$

Nous pouvons, d'ailleurs, vérifier que nous ne nous sommes point trompés en employant la ligne n° 2 de notre tableau de solde. En effet, dire que nous avons trois sous-officiers pendant quinze jours revient à multiplier par 3 la solde de quinzaine de l'un d'eux; or, cette solde de quinzaine est toute calculée, nous la lisons égale à 13 fr. 80.

Faisons trois fois 13 fr. 80 et nous trouvons :

$$13 \text{ fr. } 80 \times 3 = 41 \text{ fr. } 40.$$

Notre calcul est exact, puisque nous arrivons au même résultat par des méthodes différentes.

Passons maintenant aux colonnes 4 et 5. Ces colonnes sont réservées, d'ailleurs, comme 6 et 7, ainsi que 8 et 9, aux primes ou indemnités dont le taux varie avec le grade.

Parmi ces indemnités se trouve l'*allocation journalière supplémentaire* qui est attribuée à nos trois maréchaux des logis. Nous avons appris, de plus, que ces indemnités varient avec les grades, donc nous ne faisons pas d'erreur en utilisant, à leur sujet, les colonnes n° 4 et n° 5 qui leur sont spécialement réservées.

D'ailleurs le renvoi n° 7 [voir 2e alinéa des renvois, côté droit et en haut de l'état de solde (troupe)] indique : « *Ne porter dans ces colonnes que les primes ou indemnités dont le taux varie avec le grade.* »

Dans la colonne n° 4, nous placerons, sur la première ligne qui se rapporte à nos sous-officiers, le nombre de journées, soit : 45.

Dans la colonne n° 5, nous placerons, sur la première ligne, en regard du nombre 45, le décompte en deniers de cette allocation journalière supplémentaire, soit 45 fois 0 fr. 75, ou

$$45 \times 0 \text{ fr. } 75 = 33 \text{ fr. } 75.$$

Puis nous additionnerons les décomptes en deniers correspondant à la première ligne horizontale, c'est-à-dire *ayant rapport aux sous-officiers*, et nous trouverons, après avoir totalisé 41 fr. 40 + 33 fr. 75, le nombre : 75 fr. 15, que nous écrirons dans la colonne n° 10, en première ligne.

CALCULS RELATIFS AUX BRIGADIERS.

Nous avons deux brigadiers qui représentent ensemble, pour quinze jours : $15 \times 2 = 30$ journées de présence.

Donc, nous inscrirons dans la colonne *n° 1* le nombre : 2 qui signifie *deux* brigadiers, et dans la colonne n° 2, le nombre : 30, qui indique le nombre de jours de présence total se rapportant à ces deux gradés.

Pour faire le décompte des deniers relatifs à leur solde, consultons notre petit tableau; nous y voyons que les brigadiers ou assimilés gagnent, par jour : 0 fr. 42, et pour 30 jours :

$$0 \text{ fr. } 42 \times 30 = 12 \text{ fr. } 60.$$

Nous inscrirons donc, dans la colonne que nous avons désignée par le n° 3, le décompte de 12 fr. 60, sur la ligne correspondant aux brigadiers.

Nous pourrons, si nous le voulons, vérifier que notre petit calcul est exact, par une méthode un peu différente.

En effet, sur notre petit tableau de solde, nous n'avons qu'à multiplier par 2 le gain d'une quinzaine de brigadier (voir ligne n° 2) et nous trouvons : 6 fr. 30.

Alors, pour les deux brigadiers, cela fait : 12 fr. 60, ce qui confirme notre précédent calcul.

Reportons ensuite le total du décompte en deniers des brigadiers dans la colonne n° 10, et le nombre de francs résultant de ce décompte (soit *12 fr. 60*) viendra prendre place en dessous du décompte de *75 fr. 15* relatif à nos sous-officiers.

CALCUL RELATIF A LA SOLDE DES CONDUCTEURS.

Le nombre d'hommes présents le jour de l'établissement de l'état de solde (ce qui est *le point de départ, la base* de la rédaction de cet état) est de *26*.

Cela représente, pour quinze jours, un nombre de journées de présence de :

$$15 \times 26 = 390.$$

Donc, nous inscrivons dans la colonne n° 1, sur la ligne des conducteurs, le nombre *26*, et dans la colonne n° 2, sur ladite ligne des conducteurs, le nombre 390.

Pour faire le décompte en deniers de la solde des hommes, notre petit tableau nous indique que chaque homme a pour solde : 0 fr. 25.

Donc, si 1 journée représente 0 fr. 25, 390 journées représenteront :

$$0 \text{ fr. } 25 \times 390 = 97 \text{ fr. } 50.$$

Nous inscrirons donc le nombre 97 fr. 50 dans la colonne n° 3 (qui est celle du décompte en deniers de la solde de présence et des primes).

95e CORPS D'ARMÉE.

DÉPARTEMENT

d

PLACE d

21e ARMÉE.

Sections automobiles.

e DIVISION. — e BRIGADE.

SOLDE

ET ACCESSOIRES DE SOLDE des sous-officiers et soldats.

1re QUINZAINE de *mars* 1917.

QUITTANCE.

Acquit imputable sur la revue du e trimestre 191 , *pour* (2)

EXERCICE 1916.

CHAPITRE , ARTICLE DU BUDGET.

MODÈLE N° 10.

Art. 24 du Règlement sur la solde et les revues.

(6) Date de l'établissement de l'état de solde.
(7) Porter, dans ces colonnes, les primes ou indemnités dont le taux varie avec le grade.
(8) Porter ici les primes ou indemnités dont le taux est commun à tous les grades.
(9) Motifs.

Format : 0m,36 sur 0m,23.

SERVICE de la Solde de l (1)

Désigner le corps.	*20e Escadron du Train.*
Indiquer s'il s'agit du corps entier, du dépôt ou d'un détachement.	*Section : R. V. F., B. 342.*
S'il s'agit d'un détachement, porter le nom et le grade du commandant.	*M. DUBOIS, Lieutenant, commandant.*
Indiquer si le corps est en station et dans quelle place, ou, s'il est en route, indiquer le lieu de départ et celui de l'arrivée.	*Aux Armées.*

(1) Indiquer le titre de l'article du budget.
(2) L'intérieur ou l'armée.
(3) Tenir compte également, dans ce paragraphe, des augmentations importantes prévues.
(4) Tenir compte également, dans ce paragraphe, des diminutions importantes prévues.
(5) Indiquer les différents grades, suivant l'arme.

ÉTAT présentant la somme nécessaire pour assurer le payement de la solde journalière, des hautes payes, des primes pour l'alimentation et des indemnités aux sous-officiers, caporaux ou brigadiers et soldats pendant la 1re *quinzaine du mois* de mars 1916.

GRADES.		NOMBRE d'hommes présents le (6)	NOMBRE de jours.	DÉCOMPTE en deniers de solde de présence et des primes.	Allocation journalière supplément Nombre de jours.	Allocation journalière supplément Décompte en deniers.	(7) Nombre de jours.	(7) Décompte en deniers.	(7) Nombre de jours.	(7) Décompte en deniers.	TOTAL GÉNÉRAL des décomptes en deniers.
		1	2	3	4	5	6	7	8	9	10
				fr. c.		fr. c.					fr. c.
Militaires à solde journalière.	(5) *Maréchaux des logis*	3	45	41 40	45	33 75	»	»	»	»	75 15
	Brigadiers	2	30	12 60	»	»	»	»	»	»	12 60
	Conducteurs	26	390	97 50	»	»	»	»	»	»	97 50
Primes ou indemnités.	(8) *Prime fixe d'alimentation (troupe)*	31	465	111 60	111 *fr.* 60						111 60
Hautes payes.	Sous-officiers. à / à / à										
	Brigadiers ou caporaux. à / à / à				3 *fr.* 00						3 00
	Soldats. à / à / à 0 *fr.* 20	1	15	3 00							
	TOTAL										299 85
AUGMENTATIONS	Moins-perçu dans la quinzaine précédente (9) *Solde, indemnité, prime d'alimentation* (3) *pendant la 2e quinzaine de février, pour 1 sous-officier et 5 hommes, subsistants du T. B. du 95e C. A. : 0,02 × 14 + 0,75 × 14 + 0,25 × 5 × 14 + 0,24 × 6 × 14 = 61,04.*										61 04
	ENSEMBLE										360 89
DIMINUTIONS	Trop-perçu dans la quinzaine précédente (9) *2e quinzaine de février 1916.* (4) (*Ce trop-perçu provenant de l'arrondissement à dizaines de francs de l'état de solde relatif à la 2e quinzaine de février.*)										2 17
	RESTE										358 72
	Vivres remboursables du au . *Néant.*										» »
	A percevoir										358 72
	SOMME ARRONDIE en dizaines de francs										360 00

(1) Trésorier ou officier commandant, quand il s'agit d'une portion de corps non pourvue de conseil. Dans ce cas, on indique le nom de l'officier signataire.

(2) Cet état ne pourra être valablement arrêté que par un fonctionnaire de l'intendance militaire, sauf les exceptions prévues par l'article 22 du Règlement sur la solde et les revues.

Le signataire inscrira lisiblement son nom et son grade.

(3) Cette somme est arrondie en dizaines de francs.

(4) Partie remplie, s'il y a lieu, par le service de l'intendance.

(5) Mention remplie par le service de l'intendance pour l'ordonnancement.

(6) Mention remplie par l'officier commandant la section automobile.

CERTIFIÉ par nous (1) *Dubois, Lieutenant commandant la R. V. F., B. 342*, le présent état montant à la somme de *trois cent soixante francs*, pour solde journalière, hautes payes, primes d'alimentation et indemnités diverses de la troupe pendant la 1re quinzaine du mois de *mars* 1916.

Aux Armées, le 25 *février* 1916.

VÉRIFIÉ :

Le Major,

Le Trésorier,

Le Lieutenant Dubois,
commandant la R. V. F., B. 342.

L. DUBOIS.

Vu et VÉRIFIÉ par nous (2) *Dumontel, Sous-Intendant militaire* employé *aux armées*, le présent état montant à .... 360 fr. 00

AUGMENTATIONS

PAR SUITE :

1° Des comptes de libération des revues ;
2° De la rectification des revues ; (4)
3° Des ordres particuliers du Ministre.

NOTA. — On devra détailler chaque article des augmentations.

TOTAL............

DIMINUTIONS

PAR SUITE :

1° Des décomptes de libération des revues :
2° De la rectification des revues : (4)
3° Des ordres particuliers du Ministre.

NOTA. — On devra détailler chaque article des diminutions.

IL RESTE A MANDATER (3)....... 360 fr. 00

Montant des sous-délégations de crédit cumulées.

Dernier crédit. { Numéro. Date.

N°
du registre des mandats.

(5) Nous arrêtons, en conséquence, le présent état à la somme de *trois cent soixante francs*, que nous mandons à M. *Hubert*, payeur principal *aux armées*, de payer à M. *L. Dubois, Lieutenant commandant la R. V. F., B. 342*, pour les causes ci-dessus énoncées :

Aux Armées, le 28 *février* 1916.

Ici : Signature du fonctionnaire de l'Intendance ayant ordonnancé l'état de solde

DUMONTEL.

QUITTANCE.

(6) Nous, soussigné, *L. Dubois, Lieutenant commandant la R. V. F., B. 342*, reconnaissons avoir reçu de M. *Hubert*, payeur principal, la somme de *trois cent soixante francs*, portée au présent mandat.

Aux Armées, le 1er *mars* 1916.

Le Lieutenant Dubois,
commandant la section R. V. F., B. 342.

L. DUBOIS.

Le

Puis nous reporterons le nombre 97 fr. 50 dans la colonne n° 10 de totalisation générale, où 97 fr. 50 viendra prendre place au-dessous des 12 fr. 60 de nos brigadiers.

Nous pourrons également vérifier, si nous le voulons, avec notre petit tableau de solde, si notre calcul est bon; il suffit, en effet, d'y chercher la solde de quinzaine d'un soldat, soit 3 fr. 75, et de la multiplier par le nombre de conducteurs, soit 26, et on trouve :

$$26 \times 3 \text{ fr. } 75 = 97 \text{ fr. } 50.$$

Notre calcul précédent se trouve ainsi vérifié par une méthode un peu différente qui vient confirmer notre premier calcul.

CALCUL DE LA PRIME FIXE (TOTALE) D'ALIMENTATION.

Nous allons supposer qu'au moment où nous établissons le présent état de solde, la prime fixe d'alimentation a pour valeur 0 fr. 24.

(Nous rappelons, à ce sujet, qu'il est utile de *se tenir toujours au courant des fluctuations que cette prime pourrait subir*. Donc, en principe, dès que l'on arrive dans l'armée où l'on est affecté, *s'informer* auprès du sous-intendant *de la valeur exacte de la prime fixe d'alimentation* sur laquelle on doit se baser pour toutes prévisions ou calculs exacts à effectuer en en tenant compte.)

« PRIMES OU INDEMNITÉS COMMUNES A TOUS LES GRADES. »

L'accolade ainsi intitulée se rapporte à celles des primes ou indemnités qui, comme la prime fixe d'alimentation, *sont communes à tous les grades*.

Qu'il s'agisse des sous-officiers, qu'il s'agisse des brigadiers ou des conducteurs, la prime fixe en question *est la même;* donc nous ne commettons pas d'erreur en l'inscrivant dans l'accolade qui se rapporte à ce genre de primes.

Pour arriver au total du décompte de la prime fixe d'alimentation, rien n'est plus facile.

Nous allons simplement nous poser cette question : « A combien de personnes doit, dans notre section, s'appliquer la prime fixe? »

La réponse ne se fera pas attendre. Nous n'avons qu'à

additionner verticalement les nombres de la première colonne, ce qui nous donnera :

$$3+2+26=31.$$

Il y a donc 31 primes à faire rentrer, *par jour*, dans la caisse de l'ordinaire quand l'effectif se maintient à celui de la journée de base.

Notre état de solde se rapportant à un exercice de 15 journées, le nombre total des primes fixes pour ces 15 jours sera de : $31 \times 15 = 465$.

Au lieu de faire cette multiplication, nous pouvons encore retrouver le nombre total des primes fixes en additionnant la colonne n° 2, ce qui nous donne :

$$45+30+390=465.$$

Donc, en face de la ligne qui se rapporte à la prime fixe d'alimentation, nous n'avons qu'à inscrire :

Colonne 1 : le nombre 31 (hommes);

Colonne 2 : le nombre 465 (journées).

Dans la troisième colonne, nous marquerons le décompte total de la prime fixe d'alimentation, qui est de : 465 × 0 fr. 24 = 111 fr. 60, dans l'hypothèse, bien entendu, où la prime fixe (sujette à fluctuations) sera de 0 fr. 24 pour la période de temps à laquelle se rapporte notre état de solde.

Le nombre 111 fr. 60 se place donc dans la colonne n° 3, en dessous de 97 fr. 50. Puis nous le reporterons à la colonne n° 10, pour préparer le total général des décomptes en deniers.

Il ne nous reste plus qu'à nous rendre compte des hautes payes.

Dans notre section, nous avons un conducteur ayant servi plus de trois années et moins de six années. Consultons alors notre petit tableau de hautes payes (1), et nous trouvons que le conducteur en question a droit à *0 fr. 20* par jour.

Donc, dans l'accolade des hautes payes, nous inscrirons : « Haute paye à 0 fr. 20, — 1 homme, — 15 jours. »

Décompte : 15 × 0 fr. 20 = 3 francs.

Le total général des décomptes en deniers s'obtiendra

(1) Voir page 92.

par l'addition des nombres suivants, que nous venons d'écrire dans la colonne n° 10, soit :

75 fr. 15 + 12 fr. 60 + 97 fr. 50 + 111 fr. 60 + 3 francs = 299 fr. 85.

Le total général des décomptes en deniers est donc de : 299 fr. 85, que nous écrirons en bas de la colonne n° 10 en face du mot : « Total ».

Mécanisme des « moins-perçus » et des « trop-perçus ».

Comme nous le savons, les états de solde (troupe) ne sont que des « états de prévision ». Nous allons en voir la conséquence.

Ils sont établis quelques jours avant la date à laquelle les fonds seront distribués sous forme de prêt et de primes concernant l'ordinaire.

La feuille de prêt *peut avoir* un montant *égal* à celui de l'état de solde (troupe), mais *c'est tout à fait exceptionnel*, car il y a beaucoup plus de raisons pour que *l'un des deux autres faits* suivants se produise :

1° Le montant de la feuille de prêt *pourra être inférieur* à celui des ressources apportées par l'état de solde (troupe) correspondant; dans ce cas, la *différence en plus restera en caisse;*

2° Le montant de la feuille de prêt *pourra être supérieur* à celui des ressources apportées par l'état de solde (troupe) correspondant; dans ce cas, la *différence en moins sera fournie par la caisse de la section.*

On peut remarquer que cette « *liberté d'allure* » des états de solde (troupe) peut se produire sans inconvénients, puisque l'officier doit toujours inscrire *l'arrivée des ressources* et *leur départ* (justifié par la feuille de prêt) sur le *registre-journal des recettes et dépenses*, qui donnera constamment la situation de la caisse de la section (caisse spéciale de l'ordinaire mise à part).

Les états de solde (troupe) étant établis en avance, en se basant sur un effectif type qui peut varier constamment, la logique nous faisait très bien prévoir qu'il y a beaucoup de chances pour que l'état de solde (troupe) ne cadre jamais exactement avec le montant de la feuille de prêt suivante.

Nous allons donner un exemple pratique, pour mettre les faits indiqués bien en évidence.

Considérons, par exemple, un état de solde établi le 15 février 1916, afin de permettre à l'officier de faire payer sa troupe le 1er mars pour la période du 15 au 29 (1) février 1916.

Nous avons tablé, le 15 février, en établissant notre état de solde (troupe) sur l'effectif suivant :

2 maréchaux des logis;
2 brigadiers;
18 conducteurs.

Cependant, il peut arriver, dans ladite période de temps (15-28 février 1916), un ordre prescrivant à la section de se mettre en route pour suivre une division indépendante et assurer son ravitaillement.

Cet ordre indique, de plus, que le commandant de l'unité devra prendre en subsistance, pour les nécessités du service :

1 sergent (provenance : C. O. A.);
Et 5 hommes (même provenance).

Il faudra donc que l'officier paye ce personnel supplémentaire et le fasse bénéficier de la prime fixe d'alimentation; mais pouvait-il le prévoir en établissant son état de solde? Non, n'est-ce pas.

C'est pour cela que, dans l'état de solde qui suivra ces mutations imprévues, l'officier devra faire rentrer dans la caisse de la section les fonds avancés par elle.

D'où l'inscription (voir 1res pages « Quittance » et « Déclaration de quittance » de l'état de solde (troupe) relatif à la première quinzaine de mars 1916) :

AUGMENTATIONS. { *Moins-perçus dans la quinzaine précédente :* solde, indemnité et prime fixe d'alimentation pendant la 2e quinzaine de février 1916, pour : 1 sous-officier et 5 hommes subsistants C. O. A. du T. B. du 95e C. A. : $0{,}92 \times 14 + 0{,}75 \times 14 + 0{,}25 \times 5 \times 14 + 0{,}24 \times 6 \times 14 = 61$ fr. 04.

Donc, c'est terminé pour les « *moins-perçus* ».

(1) Les deux derniers chiffres de 1916 formant un nombre divisible par 4, l'année est bissextile; même remarque que si le nombre indiquant l'année était terminé par deux zéros.

95e CORPS D'ARMÉE.

DÉPARTEMENT
d

PLACE d

21e ARMÉE.

Sections automobiles.

e DIVISION.— e BRIGADE.

SOLDE
ET ACCESSOIRES DE SOLDE
des sous-officiers et soldats.

1re QUINZAINE de *mars* 1916.

DÉCLARATION DE QUITTANCE

Acquit imputable sur la revue du e trimestre 191 , *pour* (2).

(1) Indiquer le titre de l'article du budget.
(2) L'intérieur ou l'armée.
(3) Tenir compte également, dans ce paragraphe, des augmentations importantes prévues.
(4) Tenir compte également, dans ce paragraphe, des diminutions importantes prévues.
(5) Indiquer les différents grades, suivant l'arme.

EXERCICE 1916.

CHAPITRE , ARTICLE DU BUDGET.

MODÈLE N° 10.

Art. 24 du Règlement sur la solde et les revues.

(6) Date de l'établissement de l'état de solde.
(7) Porter, dans ces colonnes, les primes ou indemnités dont le taux varie avec le grade.
(8) Porter ici les primes ou indemnités dont le taux est commun à tous les grades.
(9) Motifs.

Format : 0m,36 sur 0m23.

SERVICE DE LA SOLDE DE I (1)

Désigner le corps.	20e Escadron du Train.
Indiquer s'il s'agit du corps entier, du dépôt ou d'un détachement.	Section : R. V. F., B. 342.
S'il s'agit d'un détachement, porter le nom et le grade du commandant.	M. DUBOIS, Lieutenant, commandant.
Indiquer si le corps est en station et dans quelle place, ou, s'il est en route, indiquer le lieu de départ et celui de l'arrivée.	Aux Armées

ÉTAT présentant la somme nécessaire pour assurer le payement de la solde journalière, des hautes payes, des primes pour l'alimentation et des indemnités aux sous-officiers, caporaux ou brigadiers et soldats pendant la 1re quinzaine du mois de mars 1916.

GRADES.		NOMBRE d'hommes présents le (6) 1	NOMBRE de jours 2	DÉCOMPTE en deniers de solde de présence et des primes 3	*Allocation journalière supplément^re* Nombre de jours 4	*Allocation journalière supplément^re* Décompte en deniers 5	(7) Nombre de jours 6	(7) Décompte en deniers 7	(7) Nombre de jours 8	(7) Décompte en deniers 9	TOTAL GÉNÉRAL des décomptes en deniers 10
				fr. c.		fr. c.					fr. c.
Militaires à solde journalière.	(5)										
	Maréchaux des logis	3	45	41 40	45	33 75	»	»	»	»	75 15
	Brigadiers	2	30	12 60	»	»	»	»	»	»	12 60
	Conducteurs	26	390	97 50	»	»	»	»	»	»	97 50
Primes ou indemnités.	(8) *Prime fixe d'alimentation (troupe)*	31	465	111 60	111 *fr.* 60						111 60
Hautes payes.	Sous-officiers. à / à / à										
	Brigadiers ou caporaux. à / à / à				3 *fr.* 00						3 00
	Soldats. à / à / à 0 *fr.* 20	1	15	3 00							
	TOTAL										299 85
AUGMENTATIONS.	Moins-perçu dans la quinzaine précédente (9) *Solde, indemnité, prime d'alimentation* (3) *pendant la 2e quinzaine de février, pour 1 sous-officier et 5 hommes, subsistants du T. B. du 95e C. A. : 0,92 × 14 + 0,75 × 14 + 0,25 × 70 + 0,21 × 84 = 61,04.*										61 04
	ENSEMBLE										360 89
DIMINUTIONS.	Trop-perçu dans la quinzaine précédente (9) *2e quinzaine de février 1916* (4) (*Ce trop perçu provenant de l'arrondissement en dizaines de francs de l'état de solde (troupe) relatif à la 2e quinzaine de février.*)										2 17
	RESTE										358 72
	Vivres remboursables du au *Néant*										» »
	A percevoir										358 72
	SOMME ARRONDIE en dizaines de francs										360 00

(1) Trésorier ou officier commandant, quand il s'agit d'une portion de corps non pourvue de conseil. Dans ce cas, on indique le nom de l'officier signataire.
(2) Cet état ne pourra être valablement arrêté que par un fonctionnaire de l'intendance militaire, sauf les exceptions prévues par l'article 22 du Règlement sur la solde et les revues.
Le signataire inscrira lisiblement son nom et son grade.
(3) Cette somme est arrondie en dizaines de francs.
(4) Partie remplie par le fonctionnaire de l'intendance chargé de l'ordonnancement.
(5) Mention remplie par l'intendance pour l'ordonnancement.
(6) Mention remplie par l'officier commandant.

CERTIFIÉ par nous (1) *Dubois, Lieutenant commandant la R. V. F., B.* 342, le présent état montant à la somme de *trois cent soixante francs*, pour solde journalière, hautes payes, primes d'alimentation et indemnités diverses de la troupe pendant la 1re quinzaine de *mars* 1916.

Aux Armées, 21 *février* 1916.

VÉRIFIÉ : *Le Major,*

Le Trésorier,
Le Lieutenant Dubois,
commandant la section R. V. F., B. 342,
L. DUBOIS.

Vu et VÉRIFIÉ par nous (2) *Dumontel, Sous-Intendant militaire* employé *aux armées*, le présent état montant à........................	360 fr. 00
AUGMENTATIONS PAR SUITE : 1° Des décomptes de libération des revues ; 2° De la rectification des revues ; 3° Des ordres particuliers du Ministre. NOTA. — On devra détailler chaque article des augmentations. (4)	
TOTAL............	
DIMINUTIONS PAR SUITE : 1° Des décomptes de libération des revues ; 2° De la rectification des revues ; 3° Des ordres particuliers du Ministre. NOTA. — On devra détailler chaque article des diminutions. (4)	
IL RESTE A MANDATER (3).........	360 fr. 00

Montant des sous-délégations de crédit cumulées.

Dernier crédit. { Numéro. { Date.

N°
du registre des mandats.

(5) Nous arrêtons, en conséquence, le présent état à la somme de *trois cent soixante francs*, que nous mandons à M. *Hubert*, payeur principal *aux armées*, de payer à M. *L. Dubois, Lieutenant commandant la R. V. F., B.* 342, pour les causes ci-dessus énoncées.

Aux Armées, le 28 *février* 1916.

Ici : Signature du fonctionnaire de l'Intendance ayant ordonnancé l'état de solde,

DUMONTEL.

Déclaration de Quittance.

(6) Nous, soussigné, *L. Dubois, Lieutenant commandant la R. V. F., B.* 342, reconnaissons avoir reçu de M. *Hubert*, payeur principal, la somme de *trois cent soixante francs*, portée au présent mandat.

Aux Armées, le 1er *mars* 1916.

Le Lieutenant Dubois,
commandant la section R. V. F., B. 342.
L. DUBOIS.

Le

En dessous, nous inscrirons les « *trop-perçus* ». Nous supposerons que, pour se conformer au texte de l'état de solde qui recommande d' « arrondir les sommes demandées en dizaines de francs », nous ayons été obligés d'*ajouter à la feuille de solde précédente* la somme de 2 fr. 17 en plus de son total régulier. Nous la ferons donc déduire de la manière suivante :

DIMINUTIONS... { Trop-perçu dans la quinzaine précédente : 2e quinzaine de février 1916 : 2 fr. 17.
Motif : Ce trop-perçu provenant de l'arrondissement en dizaines de francs de l'état de solde (troupe) relatif à la 2e quinzaine de février.

DEUXIÈME PAGE DE L'ÉTAT DE SOLDE (TROUPE).

La deuxième page de l'état de solde (troupe) porte :

1° Une mention certifiant le montant exact de l'état de solde en question. Cette mention est signée de l'officier commandant l'unité;

2° Un emplacement qui est rempli par le service de l'intendance et qui porte indication des sommes venant en augmentation ou en diminution de l'état de solde pour causes diverses;

3° La mention, remplie également par le fonctionnaire de l'intendance, qui indique la formalité de l'ordonnancement et l'indication du payeur;

4° La formule dite « Quittance », remplie par l'officier commandant et servant de décharge à l'agent du Trésor qui a délivré les fonds.

Rédaction de la « déclaration de quittance » pour les états de solde (troupe).

(Voir pages 101 et 102.)

La feuille bleue, « Déclaration de quittance », est en quelque sorte la copie de la « quittance »; nous n'avons donc rien à ajouter aux explications que nous venons de donner.

Le lecteur consultera simplement le spécimen de la « déclaration de quittance » que nous mettons sous ses yeux, afin de se rendre compte que la rédaction de cette pièce est identique à la précédente.

Etude de la feuille de prêt.

Le prêt a lieu tous les quinze jours, le 1er et le 16 de chaque mois.

La feuille de prêt est la pièce comptable qui justifie la sortie des fonds de la caisse de l'unité afin de distribuer la solde (et les accessoires de solde) à la troupe d'une part, et afin, d'autre part, de verser à la caisse de l'ordinaire les sommes qui proviennent de la prime fixe d'alimentation.

Exemple pratique de rédaction d'une feuille de prêt.

On inscrit d'abord, en tête, le nom du corps de rattachement :

Corps : *20e escadron du train des équipages militaires.*

Puis la désignation de l'unité :

Unité : *Section* R. V. F., B. 342.

Puis, en haut et à gauche, on écrit le nom du mois et l'année :

PRÊT
MOIS
de mars 1916.

et sur la ligne horizontale qui indique à quelle période de temps cette feuille de prêt se rapporte : « *Feuille de prêt du..... au..... 19...* », on indiquera qu'il s'agit du prêt correspondant à la période de temps du 16 au 31 mars 1916.

Afin de gagner du temps et de nous comprendre très vite, numérotons les colonnes de la feuille de prêt depuis 1 jusqu'à 16.

La *colonne 1* donne l'indication des grades.

La *colonne* 2 est très importante, puisqu'elle va porter l'indication des chiffres auxquels nous allons donner le nom de « chiffres de base ». *On inscrit le nombre d'hommes présents à la date du premier jour du prêt*, soit à la date du 16 mars 1916.

(Remarquez, cher lecteur, que nous donnons là une manière de procéder et que cela ne prouve pas du tout qu'il n'y en ait pas d'autre. Nous la donnons cependant, parce que nous la trouvons avantageuse pour des raisons que nous exposerons à la fin de la feuille de prêt.

Au lieu de prendre comme chiffres de base les chiffres qui correspondent au premier jour du prêt, on aurait pu, par exemple, prendre ceux qui correspondent au dernier jour du même prêt et arriver à faire le calcul. Le lecteur retiendra ce que nous venons de dire.)

Appelons (*a*), (*b*), (*c*), (*d*), (*e*), (*f*) les lignes de notre feuille de prêt, afin de faciliter les choses concernant la description.

En face des mots « Sergent et assimilé, maréchal des logis et assimilé », marquons (ligne *c*) le chiffre 3 dans la colonne n° 2, ce qui va indiquer qu'à la date du 16 mars 1916 nous avons comme présents : 3 maréchaux des logis ou assimilés (*2 de l'unité plus 1 subsistant*).

Ligne (d), colonne n° 1. — En face des mots : « Caporal, brigadier et assimilé », nous écrirons le chiffre : 2, qui nous indique qu'à la date du 16 mars 1916 il y avait à l'unité R. V. F., B. 342, deux brigadiers présents.

Ligne (e), colonne n° 1. — En face du mot : « Soldat », c'est-à-dire sur la ligne (*e*), marquons le nombre 23, qui indique le nombre d'hommes et conducteurs présents à l'unité le 16 mars 1916.

Total du nombre d'hommes présents le 16 mars 1916. — Dans la colonne n° 1, sur la ligne (*f*) nous inscrirons le total des présents à la date en question, soit : $3+2+23=28$.

Calcul du nombre total de jours de présence dans la période du prêt, soit du 16 au 31 mars 1916.

Colonne n° 3, ligne (c). — Calculons le nombre de journées de présence des maréchaux des logis, pendant le prêt, *sur la base des présents au 16 mars 1916*. Car nous portons l'attention du lecteur sur ce que nous ferons d'abord tous nos calculs comme si l'effectif se maintenait identique à celui du 16 mars 1916 *pendant tout le prêt*, et nous nous réservons de rectifier ensuite, si des mutations en plus ou en moins sont venues modifier les nombres de base durant le prêt.

Nous dirons donc : du 16 mars *inclus* au *31* mars *inclus*, cela fait 16 jours et, pour 3 maréchaux des logis, cela fait :

16 × 3 = 48 journées de présence durant le prêt.

Donc, dans l'emplacement: « colonne 3, ligne (*c*) », nous inscrirons le nombre 48.

(Pour aller plus vite, nous aurions pu désigner cet emplacement par la dénomination « case 3 (*c*) », le chiffre 3 désignant la colonne, et la lettre placée à côté du chiffre désignant la ligne. Nous procéderons ainsi à l'avenir.)

NOMBRE DE JOURNÉES DE BRIGADIERS.

Colonne 3, ligne (d). — Comme il y a 2 brigadiers et qu'il y a de plus 16 journées dans le prêt, le nombre total de journées concernant ces gradés sera donc de :

16 × 2 = 32.

Nous inscrirons le nombre 32 dans la case 3 (*d*).

NOMBRE DE JOURNÉES DES CONDUCTEURS.

Colonne 3, ligne (e). — Comme il y a 23 soldats présents le 16 mars 1916, et comme, de plus, nous faisons l'hypothèse que cet effectif va se maintenir pendant les 16 jours du prêt, nous aurons à inscrire, dans la *case 3* (*e*) le nombre résultant de la multiplication de 16 par 23, soit :

16 × 23 = *368 journées.*

TOTAL DU NOMBRE DE JOURNÉES RELATIF A TOUT LE PERSONNEL DE LA SECTION A SOLDE JOURNALIÈRE.

Il suffit, pour cela, de faire le total des cases 3 (*c*), 3 (*d*), 3 (*e*), soit :

48 + 32 + 368 = 448 journées.

Nous inscrirons donc le nombre total de 448 dans la case 3 (*f*).

Décompte en deniers de la solde de présence de la troupe
(toujours d'après les chiffres de base).

1° MARÉCHAUX DES LOGIS.

Pour cela nous n'avons qu'à consulter notre petit tableau de solde, qui va nous indiquer que les maréchaux des logis ou assimilés reçoivent 0 fr. 92 (1) par journée, et, pour 48 journées, 48 fois plus, soit :

$$0 \text{ fr. } 92 \ (1) \times 48 = 44 \text{ fr. } 16.$$

Donc, nous inscrirons le décompte 44 fr. 16, relatif à la solde des maréchaux des logis, dans la case 4 (*c*).

2° BRIGADIERS.

Nous écrirons dans la case 4 (*d*) le décompte en deniers de la solde des brigadiers, qui touchent 0 fr. 42 (1) par jour, soit, pour 32 journées :

$$0 \text{ fr. } 42 \ (1) \times 32 = 13 \text{ fr. } 44.$$

D'où l'explication du nombre qui est inscrit case 4 (*d*).

3° CONDUCTEURS.

Comme ils touchent chacun 0 fr. 25 (1) par jour, pour 368 journées cela fait :

$$368 \times 0 \text{ fr. } 25 \ (1) = 92 \text{ francs.}$$

Nous inscrirons donc le décompte de 92 francs dans la case 4 (*e*), qui correspond à ce calcul.

TOTAL DU DÉCOMPTE DE LA SOLDE DENIERS.

C'est le total de la colonne n° 4, soit des nombres de francs : 44 fr. 16, puis 13 fr. 44, puis 92 francs.

Ce qui donne :

$$44 \text{ fr. } 16 + 13 \text{ fr. } 44 + 92 \text{ fr.} = 149 \text{ fr. } 60.$$

On inscrira donc le résultat : 149 fr. 60 dans la case 4 (*f*).

Calculs relatifs à la prime fixe d'alimentation.

Nous allons, maintenant, procéder au calcul des sommes totales qui seront versées à la caisse de l'ordinaire (sauf rectifications provenant de mutations éventuelles pendant la durée du prêt).

Cette prime de *0 fr. 24* (1) (toujours à vérifier comme valeur quand on arrive aux armées, en raison des fluctua-

(1) Sauf modification ultérieure, dont le lecteur tiendra compte, en se rappelant que nous voulons lui inculquer « *une méthode* ». C'est là notre seul but qui doit être indépendant des fluctuations des soldes ou des primes.

tions qu'elle peut subir) sera inscrite à la main dans la partie laissée en blanc au-dessus des colonnes 7 et 8.

Nous commencerons par inscrire le nombre de journées de primes; ce nombre est rigoureusement le même, en ce qui concerne notre section, que celui correspondant à la colonne n° 3.

Nous avons expliqué tous les chiffres de la colonne n° 3; il est inutile de recommencer cette explication pour la colonne n° 7, qui est identique.

Nous inscrirons donc :

Case 7 (*c*), le nombre : 48;
Case 7 (*d*), le nombre : 32;
Case 7 (*e*), le nombre : 368;
Case 7 (*f*), le nombre : 448.

Pour effectuer le décompte en deniers relatif à cette prime fixe d'alimentation, rien de plus aisé.

Multiplions le nombre de journées des sous-officiers par la prime supposée de 0 fr. 24, et nous aurons :

48 × 0 fr. 24 = 11 fr. 52.

D'où l'explication du nombre de francs : 11,52 inscrit case 8 (*c*).

Pour les brigadiers, par une méthode analogue, nous trouverons :

32 × 0 fr. 24 = 7 fr. 68.

D'où l'explication des 7 fr. 68 écrits case 8 (*d*).

Pour les soldats, nous trouverons de même qu'il faut inscrire, dans la case 8 (*e*) le nombre de francs : 88 fr. 32 résultant du produit de 368 journées par la prime 0 fr. 24, soit :

368 × 0 fr. 24 = 88 fr. 32.

Enfin, le total en deniers provenant du décompte global de la prime fixe d'alimentation sera de :

11 fr. 52 + 7 fr. 68 + 88 fr. 32, ou : 107 fr. 52.

Calcul du décompte des allocations journalières supplémentaires.

Les trois sous-officiers à solde journalière que nous possédons le 16 mars 1916 comme présents ont droit à 0 fr. 75 d'allocation journalière pour usure d'effets.

Par conséquent, comme il y a 48 journées dans la période de prêt, ces sous-officiers auront droit à un total de 36 francs, qui provient du produit ci-dessous :

$$48 \times 0 \text{ fr. } 75 = 36 \text{ francs.}$$

Nous inscrirons :

Dans la case 9 (c) : 48 journées;

Dans la case 10 (c) : 36 francs;

Et comme total, dans la colonne 10 (f) : 36 francs.

Nous allons passer maintenant à la colonne n° 16.

Total général des décomptes en deniers.

1° Maréchaux des logis.

Le total correspondant aux maréchaux des logis s'obtient en additionnant les nombres des cases : 4 (c), 8 (c) et 10 (c), soit : 44 fr. 16 + 11 fr. 52 + 36 francs, ce qui donne : 91 fr. 68, que l'on inscrira dans la colonne 16, sur la ligne des maréchaux des logis, c'est-à-dire case 16 (c).

2° Brigadiers.

Le total relatif aux brigadiers s'obtient en additionnant les nombres des cases : 4 (d) et 8 (d), ce qui donne :

13 fr. 44 + 7 fr. 68 = 21 fr. 12.

On inscrira le total de 21 fr. 12 sur la ligne des brigadiers, colonne 16, soit dans la case 16 (d).

3° Conducteurs.

Le total des deniers correspondant aux soldats s'obtiendra de la même manière, par l'addition des nombres portés dans les cases 4 (e) et 8 (e).

Ce qui donne 180 fr. 32, provenant de l'addition de : 92 francs et de 88 fr. 32.

Enfin, le total général des deniers relatif à toute la section s'obtiendra en additionnant tous les nombres de la colonne n° 16, soit : 91 fr. 68 + 21 fr. 12 + 180 fr. 32.

Ce qui donne le résultat : 293 fr. 12, à inscrire case 16 (f).

Pour le moment, nous allons laisser ainsi la page n° 1 de notre feuille de prêt et passer à la page 2, où sont inscrites les mutations qui ont eu lieu dans la période du prêt, soit du 16 au 31 mars 1916 inclus.

Ces mutations vont, le cas échéant, faire rectifier nos

précédents calculs, que nous appellerons *les calculs de base* sur l'effectif du premier jour du prêt.

Etant donné qu'à la situation administrative du 24 mars 1916 nous avons dû enregistrer la rentrée de permission d'un conducteur, il s'ensuit que, du 23 au 31 (soit pendant huit jours), ce conducteur devra être aligné en solde et prime fixe d'alimentation pour les journées *qui n'ont pas été comptées dans notre calcul de base.* En effet, ce calcul n'a été établi qu'en tenant compte de l'effectif à la date du 16 mars 1916, et en ne tenant pas compte que le conducteur muté est à la section depuis le 24 mars 1916 inclus.

Nous inscrirons donc, comme nous l'avons fait au modèle (auquel nous prions de se reporter), colonne *n°* 2, ligne (*a*) :

« Situation du 24 : UN. »

Ce qui veut dire : *d'après la situation administrative du 24 mars 1916*, il y a *une mutation.*

En effet, il est prescrit, sur la feuille de prêt (verso), d'indiquer, dans la colonne des « noms » (colonne que nous avons appelée n° 2), les mutations « en nombre », d'où l'inscription : « Situation du 24 : *un.* »

Dans la colonne n° 3, nous indiquerons le grade. Comme il s'agit d'un conducteur de 2e classe, nous marquerons :

« *Cr : 2e cl.* »

Dans la colonne 4, nous marquerons la nature de la mutation :

« Rentrée de permission. »

Enfin, dans les colonnes 5 et 7, qui sont relatives aux nombres de journées « *en augmentation* », nous indiquerons les chiffres 8 et 8, qui nous rappelleront que *la solde* et *la prime fixe* d'alimentation doivent être décomptées en plus *sur le recto* de la feuille de prêt, en raison du retour de cet homme à l'unité depuis le 24 mars 1916 inclus.

Cela nous donnera, comme total des deniers en augmentation à porter dans la colonne n° 19, la somme de 3 fr. 92, qui se calcule ainsi :

1° Pour la solde .... 0 fr. 25 × 8 = 2 »
2° Pour la prime. .... 0 fr. 24 × 8 = 1 92

Dont le total inscrit est........................ 3 92

PRÊT.	Corps. { 20ᵉ *Escadron du Train des E. M.*	MODÈLE Nº 44.
MOIS de *mars* 1916.	Unité. { *R. V. F., B. 342*	Règlemᵗ du 20 mars 1906 sur l'administration des corps de troupe (dispositions générales).

FEUILLE DE PRÊT du 16 *au* 31 mars 1916 *inclus.*

GRADES.	SOLDES JOURNALIÈRES ET INDEMNITÉS. NOMBRE d'hommes présents au 16 *mars* 1916.	NOMBRE de jours de présence.	DÉCOMPTE EN DENIERS de la solde de présence.	PRIMES D'ALIMENTATION. Indemnité représentative de vivres-pain à — Nombre de jours.	Indemnité représentative de vivres-pain à — Décompte en deniers.	*fixe* à 0 24. Nombre de jours.	*fixe* à 0 24. Décompte en deniers.	*sous-officiers* à 0 75. Nombre de jours.	*sous-officiers* à 0 75. Décompte en deniers.	Nombre de jours.	Décompte en deniers.	Nombre de jours.	Décompte en deniers.	TOTAL DES DÉCOMPTES.	TOTAL GÉNÉRAL DES DÉCOMPTES EN DENIERS.
1	2	3	4	5	6	7	8	9	10	11	12	13	14	15	16
Adjudant et assimilé (col. 2)................ (*a*)															
Sergent-major et assimilé, maréchal des logis chef et assimilé (col. 3).. (*b*)															
Maréchal des logis, maître sellier (col. 4).........															
Sergent et assimilé, maréchal des logis et assimilé (col. 5)........... (*c*)	3	48	44 16			48	11 52	48	36 »						91 68
Caporal fourrier, brigadier-fourrier (col. 6)........															
Caporal, brigadier et assimilé (col. 7)........ (*d*)	2	32	13 44			32	7 68								21 12
Maître-ouvrier, maître-pointeur (col. 8)........															
Soldat (col. 9).... ... (*e*)	23	368	92 »			308	88 32								180 32
TOTAUX..... (*f*)	28	448	149 60			448	107 32	48	36 »						293 12

(*g*) Augmentations d'après les mutations du 16 au 31 *mars* (voir au verso).	3 92
(*g* bis) ENSEMBLE.................	297 04
(*h*) Diminutions d'après les mutations du 16 au 31 *mars* (voir au verso)...	»
(*h* bis) RESTE....................	297 04
(*i*) Hautes payes d'ancienneté (voir au verso)..........................	3 20
(*i* bis) TOTAL..	300 24
(*j*) Vivres remboursables du 16 au 31 *mars*................................	»
(*j* bis) MONTANT de la feuille de prêt..........	300 24

CERTIFIÉ par nous, *lieutenant Dubois*, commandant la *R. V. F.*, *B.* 342, la présente feuille de prêt, montant à la somme de *trois cents francs vingt-quatre centimes*, dont quittance.

Aux armées, le 1ᵉʳ *avril* 1916.

Le lieutenant commandant la section R. V. F., *B.* 342,

L. DUBOIS.

MUTATIONS du 16 *au* 31 mars 1916 *inclus et décompte y relatif.*

NUMÉROS AU CONTRÔLE TRIMESTRIEL.	NOMS (1).	GRADES	MUTATIONS.	SOLDES JOURNALIÈRES ET INDEMNITÉS. — NOMBRE DE JOURNÉES — en augmentation. — Solde — de présence.	d'absence.	Indemnités — *Prime fixe à* 0 24.					en diminution. — Soldes journalières — de présence.	d'absence.	Indemnités					DÉCOMPTE en deniers — en augmentation.	en diminution.
1	2	3	4	5	6	7	8	9	10	11	12	13	14	15	16	17	18	19	20
(*a*)	*Situation du* 24, *un* c[r] 2e *cl. rentre de permiss.*			8		8												3 92	
			TOTAUX (*b*)..															3 92	

(1) Les hommes sont désignés par *leur nombre* dans les corps où la comptabilité est numérique.

Hautes payes journalières d'ancienneté.

NOTA. — Les hautes payes mensuelles ne figurent pas dans ce tableau, le payement en étant fait directement aux intéressés par le trésorier.

TAUX DE LA HAUTE PAYE.	NOMBRE D'HOMMES. — S.-officiers.	Caporaux ou soldats.	DE JOURNÉES. — S.-officiers.	Caporaux ou soldats.	DÉCOMPTE EN DENIERS.		MUTATIONS du 16 au 31 *mars* inclus.	NOMBRE DE JOURNÉES	A PORTER AU DÉCOMPTE ci-contre — en augmentation.	en diminution.
21	22	23	24	25	26		27	28	29	30
					fr. c.				fr. c.	fr. c.
(*e*) 0 20		1		16	3 20					
AUGMENTATION ci-contre.					»					
(*d*) TOTAL....					3 20	(*d*)				
DIMINUTION ci-contre...					»					
MONTANT du décompte à porter d'autre part (*e*).					3 20	(*e*)	TOTAUX........			

Nous reporterons ensuite ce total dans la case 19 (*b*).

Nous savons que, dans notre unité, un des conducteurs ayant passé sous les drapeaux plus de trois ans et moins de six ans a droit à 0 fr. 20 de haute paye journalière d'ancienneté, soit, pour tout le prêt : 16 fois 0 fr. 20, ou 3 fr. 20.

D'où les inscriptions portées sur notre spécimen :

Colonne 21, ligne (*c*) « Taux de la haute paye » : 0 fr. 20.
Colonne 23, ligne (*c*) « Soldat » : 1.
Colonne 25, ligne (*c*) « Nombre de journées » : 16.
Colonne 26, ligne (*c*) « Décompte en deniers » : 3 fr. 20.
Colonne 26, lignes (*d*) et (*e*) : 3 fr. 20.

Revenons aux inscriptions complémentaires à mettre sur le recto de la feuille de prêt.

Nous pourrons les dénommer : « Inscriptions rectificatives des calculs de base. »

Sur la ligne (*g*) et dans la colonne n° 16 du *recto* de la feuille de prêt, nous inscrirons les 3 fr. 92 résultant des mutations que nous avons calculées sur le *verso*, et on pourra lire :

« Augmentations, d'après les mutations du 16 au 31 mars inclus (voir verso) : 3 fr. 92. »

La ligne (*h*) ne nous donne rien, puisqu'il n'y a pas de mutations pouvant *affecter en moins* les calculs de base.

Nous placerons donc deux guillemets dans la case 16 (*h*).

La ligne (*i*) étant réservée aux hautes payes d'ancienneté, que nous avons calculées au verso, nous aurons donc l'inscription suivante :

(*i*) Hautes payes d'ancienneté (voir verso) 3 fr. 20.

Enfin, comme nous pouvons supposer qu'il n'y a pas eu d'achat de vivres remboursables, il ne nous restera qu'à placer des guillemets à la suite de la ligne (*j*) :

(*j*) Vivres remboursables du 16 au 31 mars.. » »

Nous effectuerons alors les totaux :

Ligne (*g* bis). Ensemble.	297	04
Ligne (*h* bis). Reste.	297	04
Ligne (*i* bis). Total.	300	24
Ligne (*j* bis). Montant de la feuille de prêt...	300	24

Donc, le résultat cherché est de : 300 fr. 24.

Telle est la manière de dresser une feuille de prêt.

La somme de 300 fr. 24 devra être sortie en dépenses (parfaitement justifiées, comme on peut le voir) sur le registre-journal des recettes et dépenses que nous allons étudier tout de suite.

Registre-journal des recettes et dépenses (1).

Avant d'aller plus loin, nous devons faire connaître rapidement ce livre de comptabilité de l'unité.

Notre schéma synoptique nous a indiqué qu'il servait aux enregistrements divers des ressources provenant des états de solde touchés, ainsi qu'aux dépenses dont les *deux branches importantes correspondent :*

1° Au payement des officiers et personnel à solde mensuelle;

2° Au payement du prêt et des primes s'y rattachant.

Il y a lieu, cependant, de mettre en garde les débutants contre une erreur qui est faite fréquemment lorsque l'on veut assimiler purement et simplement le registre-journal des recettes et dépenses au « livre de caisse » de la section. Si l'on va par là, il n'y a aucune raison pour ne point penser que ce registre-journal des recettes et dépenses comporte aussi le détail des sommes versées à l'ordinaire. Or (et nous mettons nos lecteurs en garde contre cette erreur des débutants), il n'en est rien. La comptabilité de l'ordinaire est nettement séparée de la comptabilité figurant au registre-journal.

Pour mieux s'exprimer, on pourrait dire que dans toute section automobile existent deux caisses bien distinctes :

1° La *caisse proprement dite de la section* (caisse dont l'avoir correspond à chaque instant à la balance du registre-journal);

2° La *caisse de l'ordinaire* (caisse dont l'avoir correspond à la balance du carnet d'ordinaire en campagne).

Il va sans dire que nous employons le mot « Avoir »

---

(1) Comme spécimen, voir l'Extrait trimestriel du registre-journal (page 175), qui est identique au registre lui-même.

dans son sens comptable le plus général, et on doit lire : « *Avoir positif* » ou « *négatif* ».

(En matière d'ordinaire on peut sensiblement assimiler les mots : « Avoir positif » au *boni* et « Avoir négatif » au *débet*. Nous ajouterons, d'ailleurs, que tout commandant d'unité qui gère convenablement sa formation s'arrange toujours pour avoir un certain boni.)

Revenons, après cette petite digression, à notre registre-journal des recettes et dépenses.

Toutes les opérations y sont numérotées, qu'il s'agisse d'entrées ou de sorties de fonds.

Les numéros de repérage d'entrée des fonds sont d'ailleurs reproduits sur le livret de solde de l'officier.

a) Recettes.

On inscrira en recettes (voir l'exemple que nous donnons) :

1° Le report de l'excédent des recettes sur les dépenses du trimestre précédent, s'il y a lieu.

(Cette manière de procéder provient, hâtons-nous de le dire, de ce que les comptes sont arrêtés tous les trimestres.)

Si la section automobile vient d'être formée, si, en un mot, sa comptabilité est à l'origine, on devra porter en recettes l'avance de fonds faite par le trésorier du corps au moment de la fondation (formation) de l'unité;

2° Enfin, on portera encore en recettes toutes les autres entrées de fonds provenant de *causes autres* que les bénéfices que peut donner la gérance de *l'ordinaire, complètement indépendante*, comme nous l'avons bien fait remarquer déjà.

b) Dépenses.

Quant aux dépenses principales, l'exemple que nous donnons montre que nous avons surtout :

1° Les feuilles de prêt;

2° Le payement de la solde et indemnités des officiers et sous-officiers à solde mensuelle;

3° On porterait (s'il y avait lieu) en dépenses l'excédent de ces dernières sur les recettes provenant de la balance de l'exercice trimestriel précédent.

De même, il faudrait porter en dépenses, au moment de la dissolution de la section, la sortie des fonds qui résulterait de la reddition des comptes de l'unité. (La destination des fonds est donnée sur le procès-verbal de dissolution de la section. Voir fin de cet ouvrage.)

Choses importantes à noter :

1° Le registre-journal des recettes et dépenses est renouvelé annuellement;

2° Les comptes sont arrêtés chaque trimestre, et un extrait du registre-journal est envoyé au bureau spécial de comptabilité;

3° Ce registre doit être coté et paraphé par le sous-intendant dont dépend la formation automobile, au point de vue administratif.

Nota. — Comme spécimen, voir Extrait du registre-journal (page 175) identique au registre lui-même, quant à la partie concernant l'officier commandant.

Carnets de prêt.

Dans notre tableau synoptique, nous avons vu que l'*index d'arrivée à destination des fonds constituant le prêt* (1) est donné par l'émargement de la troupe au carnet de prêt.

Le carnet de prêt, qui est quelquefois appelé « Carnet d'émargement », pourra être tenu de la façon suivante, ce qui pourra rendre des services :

Prendre un « *carnet manifold* » grand format, permettant de tirer des duplicata.

Inscrire en marge le nom de tous les hommes et gradés qui sont à solde journalière et mettre en tête les dates désignant nettement de quel prêt il s'agit.

En face de chaque nom, indiquer la somme à toucher, et réserver une colonne d'émargement.

(On intercalera naturellement un papier fuschiné pour que tout soit automatiquement tiré en double exemplaire, y compris la signature des hommes.)

Comme, *tous les trois mois*, on doit joindre les « *carnets d'émargement* » ou « *carnets de prêt* » *aux pièces*

(1) En ce qui concerne la solde des hommes, les hautes payes, mais pas en ce qui concerne l'ordinaire.

comptables trimestrielles, le commandant de l'unité pourra, *malgré l'envoi de ces pièces au bureau spécial de comptabilité, conserver avec lui* un double des carnets de prêt, sous forme de feuilles qu'il reliera soigneusement, cela afin de pouvoir vérifier et répondre, avec pièces à l'appui, à toute réclamation des hommes qui diraient ne point avoir reçu leur prêt.

Question des déplacements.

INDEMNITÉ JOURNALIÈRE DU PERSONNEL A SOLDE MENSUELLE ET A SOLDE JOURNALIÈRE.

Nous avons groupé ici tous les renseignements principaux qui nous paraissent utiles au sujet des écritures relatives aux frais de déplacement pour les *payements* par l'unité, et le *remboursement* par le trésorier, après *ordonnancement par l'intendance.*

Principes à observer.

1° Les frais de déplacement, représentés par des indemnités dites « *indemnités journalières de déplacement* », doivent être accordés avec *la plus grande parcimonie.* Cela, en vue d'éviter des abus qui deviendraient onéreux.

L'officier commandant une section automobile ne doit jamais accorder de déplacements sans avoir provoqué des ordres pour se couvrir, autrement il engage sa responsabilité pécuniaire et peut en être de sa poche.

Si nous donnons ce conseil, c'est pour éviter à l'officier tous ennuis au moment où il voudra se faire rembourser les sommes avancées pour cet objet.

2° Pour les petits déplacements, *de moins de deux jours*, les repas froids seront utilisés, car l'*indemnité journalière de déplacement n'est pas due.*

3° Si des gradés et hommes constituent un détachement de plus de cinq personnes, il est à considérer qu'ils devront former « *un ordinaire* ». Donc, dès qu'il y a un déplacement de six hommes ou davantage, l'*indemnité n'est pas applicable.*

4° Afin de limiter les cas d'application de l'indemnité journalière de déplacement, il a été prescrit : que le droit à l'indemnité en question n'est admis *que pour les officiers détenteurs d'une feuille de déplacement.*

La feuille de déplacement ne peut être établie qu'en vertu d'un *ordre de mouvement émanant d'officiers généraux* ou d'*officiers ayant pleins pouvoirs pour agir aux lieu et place de ces officiers généraux.*

Ce que nous disons montre bien que l'officier commandant une section automobile *doit y regarder à deux fois* avant de s'embarquer dans cette voie.

Il aura bien souvent intérêt à s'informer à l'intendance, car le sous-intendant possède le droit d'autoriser l'établissement de feuilles de déplacement; il est d'autant mieux placé que, sans *son ordonnancement ultérieur*, rien ne sera remboursé.

5° *Cas où il ne saurait y avoir d'incertitude au sujet du payement des indemnités de déplacement.* — Les documents ci-dessous désignés entraînent, *automatiquement*, le payement de l'indemnité journalière de déplacement, *car ils remplacent la feuille de déplacement :*

a) Le *permis de circuler par véhicule automobile*, sur lequel est inscrite la mention :

« BON POUR SERVIR DE FEUILLE DE DÉPLACEMENT. »

b) Tout *ordre de mouvement* portant la même mention;

c) L'*ordre d'appel individuel;*

d) Le *bon* (qui est *détaché du livret individuel*) *dans le cas de libération du titulaire*).

Autres points à observer.

Le fait qu'un officier, gradé ou homme a droit à des frais de déplacement doit, pour régularité, faire l'objet d'une écriture sur la situation administrative (mutations).

Tout homme, ou gradé, à solde journalière *perd le bénéfice de la prime fixe d'alimentation* quand il touche l'indemnité de déplacement.

De plus, pour les officiers, comme nous l'avons déjà fait remarquer quand nous avons étudié les *indemnités représentatives de vivres*, cette dernière est complètement supprimée dès que l'officier touche des frais de déplacement. C'est intéressant à savoir pour établir l'état de solde (officiers), afin de ne point faire d'erreurs.

MEMORANDUM DES INDEMNITÉS JOURNALIÈRES DE DÉPLACEMENT
CONCERNANT LES CÉLIBATAIRES.

(Ces chiffres pouvant subir des fluctuations avec la cherté des vivres, nous avons ménagé des colonnes pour les chiffres modificatifs.)

OFFICIERS ET PERSONNEL A SOLDE MENSUELLE.										PERSONNEL A SOLDE JOURNALIÈRE.					
CAPITAINES.		LIEUTENANTS.		SOUS-LIEUTENANTS.		ADJUDANTS.		MARÉCHAUX DES LOGIS.		ADJUDANTS.		MARÉCHAUX DES LOGIS ET BRIGADIERS FOURRIERS.		BRIGADIERS ET SOLDATS.	
Indemnités (en 1916).	Chiffres modificatifs (s'il y a lieu).	Indemnités (en 1916).	Chiffres modificatifs (s'il y a lieu).	Indemnités (en 1916).	Chiffres modificatifs (s'il y a lieu).	Indemnités (en 1916).	Chiffres modificatifs (s'il y a lieu).	Indemnités (en 1916)	Chiffres modificatifs (s'il y a lieu)	Indemnités (en 1916).	Chiffres ultérieurs modificatifs.	Indemnités (en 1916).	Chiffres ultérieurs modificatifs.	Indemnités (en 1916).	Chiffres ultérieurs modificatifs.
7 50	....	7 50	....	7 50	....	3 00	....	2 50	....	4 00	......	3 70	......	2 70	......

Nota. — Dans le cas où, d'après des instructions nouvelles, il y aurait des changements, marquer les nouveaux chiffres d'une façon bien nette, *mais au crayon*, de façon à les effacer pour toutes nouvelles fluctuations et à remettre ainsi le tableau toujours au point.

Payement de l'indemnité de déplacement.

REMBOURSEMENT DES SOMMES AVANCÉES PAR LA SECTION.

En principe, les indemnités de déplacement constituent *une avance* faite par la section, quand il s'agit surtout des gradés et des hommes. Cette indemnité est alors inscrite, décomptée, sur un registre, appelé « *Registre de déplacement* » (*modèle 10*), qui porte les noms des bénéficiaires.

Ces derniers émargent sur le registre en question, en face de leur nom et du décompte des sommes qu'ils ont touchées. On passe alors en *dépenses* les écritures nécessaires au registre-journal des recettes et dépenses.

Chose importante à retenir, le « registre des déplacements » *est mensuel.*

Pour que le commandant d'unité *rentre dans ses débours*, il devra, en fin de mois, *faire la reproduction de son registre de déplacement* sur un extrait conforme auquel on a donné le nom d'*Etat des frais de déplacements* (*du modèle n° 19*).

En principe, faire cet état *en double exemplaire* et en conserver un; autrement, en fin de compte, il ne resterait à l'unité aucune trace des sommes payées, pour ses archives et pour joindre à l'appui de l'extrait trimestriel du registre-journal des recettes et dépenses à la fin du trimestre.

En effet, à la fin de chaque mois on remet à l'intendance et le registre émargé, et l'état n° 19 qui, lui, n'est pas émargé. L'intendance ordonnance le registre de déplacements et garde l'état n° 19 (non émargé). Le trésorier paye, sur le vu de l'état émargé et ordonnancé, qu'il garde comme décharge, et l'officier passe en recettes les écritures nécessaires au registre-journal des recettes et dépenses.

Comme nous l'avons fait déjà remarquer (en étudiant les ordres de transport par fer; voir : « Mutations », 2e partie), le commandant de l'unité doit toujours joindre aux états relatifs aux déplacements toutes les pièces justificatives de ces derniers, aussi bien pour l'ordonnancement que pour le payement.

QUATRIÈME PARTIE.

COMPTABILITÉ DE L'ORDINAIRE.

La justification des dépenses nécessitées par l'ordinaire des hommes ainsi que l'inscription des ressources y afférentes se font sur un cahier spécial auquel on a donné le nom de : « *Carnet de comptabilité en campagne* ».

Cette comptabilité est indépendante de toutes autres. Elle doit être considérée comme correspondant à une caisse bien distincte de la caisse de la section.

Le *carnet de comptabilité en campagne n'est que trimestriel.* Il est donc renouvelé après ce laps de temps, et le précédent carnet est renvoyé au bureau spécial de comptabilité de l'escadron du train de rattachement.

Carnet d'ordinaire en campagne.

(Voir page 122.)

ÉTUDE DES RECETTES ET DÉPENSES DE L'ORDINAIRE.

Le carnet d'ordinaire en campagne porte l'inscription des recettes suivantes :

1° La *prime fixe* d'alimentation (admettons 0 fr. 24 à l'époque où nous décrivons le carnet d'ordinaire);

2° Le *boni* provenant de la quinzaine précédente;

3° La *somme récupérée* par la *vente* des *déchets* et *eaux grasses;*

4° Le *prêt des hommes* punis de prison, qui est intégralement versé à l'ordinaire.

Les *recettes* sont *portées* sur la *page de gauche* du carnet d'ordinaire.

ÉNUMÉRATION DES RECETTES.					MONTANT des RECETTES.
				f.	fr. c.
Les chiffres doivent être les mêmes que ceux qui figurent à la colonne : « Total des présents » du Chapitre III du carnet de comptabilité de l'unité administrative.	Le 16 *février*	29	journées à	0 24	6 96
	Le 17 *Id.*	29	—	0 24	6 96
	Le 18 *Id.*	29	—	0 24	6 96
	Le 19 *Id.*	28	—	0 24	6 72
	Le 20 *Id.*	28	—	0 24	6 72
	Le 21 *Id.*	28	—	0 24	6 72
	Le 22 *Id.*	28	—	0 24	6 72
	Le 23 *Id.*	28	—	0 24	6 72
	Le 24 *Id.*	28	—	0 24	6 72
	Le 25 *Id.*	28	—	0 24	6 72
	Le 26 *Id.*	28	—	0 24	6 72
	Le 27 *Id.*	28	—	0 24	6 72
	Le 28 *Id.*	29	—	0 24	6 96
	Le 29 *Id.*	29	—	0 24	6 96
	Le ...		—	» »	» »
	Le ...		—	» »	» »
Recettes diverses.......	*Vente d'eaux grasses et de déchets de l'ordinaire....*				7 50
	TOTAL des recettes du 16 au 29 *février* 1916.........				102 78
	A ajouter l'excédent de recettes de la période précédente...........				130 00
	TOTAL général des recettes....................				232 78
	Les dépenses pendant les 14 jours s'élèvent à 99 fr. 50.				99 50
	Partant, il y a excédent de { Recette.................				133 28
	{ Dépense.................				» »

Le Commandant
de l'unité administrative,

L. Dubois.

29 *février* 1916. DÉPENSES.

DATES.	ÉNUMÉRATION DES DÉPENSES.				MONTANT DES DÉPENSES.	QUITTANCES DES SOMMES PAYÉES.
	Quantité		Unité.	Prix unitaire. fr. c.	fr. c.	
16 février 16	1 l.	Huile. (Emery).	litre.	4 50	4 50	*Emery.*
16 février 16	0 50	Vinaigre. (Emery).	litre.	0 80	0 40	*Emery.*
16 février 16		Poivre. (Emery).			0 35	*Emery.*
16 février 16	12	Salades. (F. Pataud).	l'unité.	0 15	1 80	*F. Pataud.*
18 février 16	8	Boites pâte d'Italie. (Héricou).	l'unité.	0 75	6 »	*Héricou,*
18 février 16	2k	Saindoux. (Héricou).	le kilog.	6 »	12 »	*Héricou.*
19 février 16	6.	Fromages. (Durand).	l'unité.	1 50	9 »	*Durand.*
23 février 16	4 k. 9	Poisson. (Moris).	le kilog.	3 50	17 45	*Moris.*
25 février 16	7 k	Légumes. (Héricou).	le kilog.	2 20	15 40	*Héricou.*
28 février 16	2 k.	Saindoux. (Héricou).	le kilog.	6 »	12 »	*Héricou.*
29 février 16	14 l.	Vin rouge. (Berthau).	le litre.	0 80	11 20	*Berthau.*
29 février 16	12	Salades. (F. Pataud).	l'unité.	0 20	2 40	*F. Pataud.*
29 février 16		Gratification de cuisinier. (14 jours à 0,50 par jour).			7 »	*Xavier.*
		TOTAL des dépenses du 16 au 29 février 1916..			99 50	

ÉTUDE DES DÉPENSES PRINCIPALES DE L'ORDINAIRE.

Les dépenses qui sont portées sur la page de droite du carnet d'ordinaire sont constituées :

1° Par les *achats de denrées* faits pour améliorer la nourriture du personnel vivant à l'ordinaire;

2° Par l'indemnité allouée au cuisinier de la formation, indemnité qui peut aller jusqu'à 7 fr. 50 par quinzaine (soit 0 fr. 50 par jour au maximum).

ÉMARGEMENT DES FOURNISSEURS.

Au moment où le brigadier d'ordinaire fait un achat, il exige toujours l'émargement du fournisseur. Ce dernier certifie ainsi, par sa signature, qu'il a bien reçu les sommes que la section lui doit.

Cet émargement, qui s'effectue dans la colonne intitulée : « Quittance des sommes payées », simplifie en quelque sorte les pièces comptables relatives à l'*ordinaire*, puisqu'il supprime le « carnet de quittances ».

AUTRES ÉMARGEMENTS.

Le carnet d'ordinaire ne comporte pas seulement l'émargement des fournisseurs, mais bien les signatures de toute personne qui, à quelque titre que ce soit, peut recevoir des fonds de la caisse de l'ordinaire.

Nous citerons, dans cet ordre d'idées, le cuisinier de la formation, le commandant d'une autre unité qui aurait nourri momentanément une partie de nos hommes, etc.

Balance du carnet d'ordinaire en campagne.

Tous les quinze jours, le commandant de l'unité arrête le carnet d'ordinaire en campagne; en un mot, il fait la balance des recettes et dépenses.

L'époque où les comptes d'*ordinaire* sont arrêtés coïncide avec l'époque du prêt.

La différence entre les recettes et les dépenses s'appelle : « *Boni* », cela quand cette différence est en faveur des recettes. Dans le cas contraire, c'est-à-dire quand les dépenses sont plus fortes que les recettes, la différence s'appelle: « *Débet* ». Inutile de dire au lecteur que tout commandant d'unité doit gérer sa caisse d'ordinaire de façon à posséder un certain boni.

Le boni réglementaire maximum est de 5 francs par homme.

Le boni constaté chaque quinzaine est reporté en recettes à la quinzaine suivante avec la mention : « A ajouter : l'excédent de recettes de la période précédente, soit : 130 francs. »

Le lecteur consolidera son étude en regardant un exemple de carnet d'ordinaire en campagne. (Voir spécimen page 122.)

Renseignements divers au sujet des « vivres remboursables ».

Il peut arriver qu'un commandant d'unité automobile *désire toucher des vivres supplémentaires* pour ses hommes, cela, indépendamment des quantités qui lui sont *réglementairement attribuées « à titre gratuit »*.

Les vivres que l'on distribuera en plus au personnel de la section seront achetés sur les fonds de l'ordinaire.

Ils ont reçu le nom de : « Vivres remboursables » et il faut comprendre que cette expression est l'abréviation de la suivante : « Vivres remboursables *à l'Etat.* »

Le tarif de remboursement des denrées diverses achetées à titre remboursable au *service des subsistances* est fixé par le « *Bureau des vivres* » *de l'intendance.*

Ce tarif *suit*, évidemment, des fluctuations qui dépendent de la cherté de la vie; il est bon que les commandants d'unité se tiennent au courant des prix que l'intendance donne.

Cette manière de procéder permettra à l'officier de juger s'il a intérêt *à profiter, ou non*, des vivres remboursables en ne se basant que sur les deux principes suivants :

1° *Tâcher de donner aux hommes une nourriture variée et aussi bonne que les ressources de l'ordinaire le permettent;*

2° *Ne pas s'engager, d'autre part, dans des dépenses exagérées eu égard au boni qu'une bonne gestion doit toujours prévoir.*

L'administration de l'officier, concernant l'ordinaire, s'inspirera donc de ces deux principes.

Tarif des vivres remboursables.

(Donné sous réserve de modifications ultérieures.)

Nous avons expliqué ce qu'étaient ces tarifs. Nous donnons au commandant d'unité le conseil de s'entourer de tous les renseignements qui pourront lui être fournis, afin de faire tenir à jour un « *tableau-mémorandum* » du prix des vivres remboursables.

Nous donnons, à ce sujet et *à titre purement indicatif*, un tableau-mémorandum qui porte des prix quelconques relativement anciens; mais nous plaçons, en face de ces prix, une colonne vide où l'on pourra mettre les prix nouveaux et leurs dates.

Ces prix et ces dates seront inscrits au crayon, afin de subir toutes modifications ultérieures.

Tableau-Mémorandum du prix des vivres à titre remboursable.

(Sous réserves des fluctuations ultérieures).

NOTA. — Les colonnes laissées en blanc sont destinés à l'inscription des prix nouveaux du service des subsistances au fur et à mesure de la fluctuation des cours.

DÉSIGNATIONS.	UNITÉ.	PRIX février 1916. fr. c.	PRIX nouveaux modificatifs	DATE DES nouveaux modificatifs.	OBSERVATIONS.
Pain de soupe	Le quintal.	45 »			
Pain de guerre	Id.	65 »			
Vivres-pain	Ration 750 gr.	0 34			
Pain biscuité	Ration 700 gr.	0 32			
Riz	Le quintal.	36 »			
Légumes secs	Id.	80 »			
Viande fraîche	Id.	200 »			
Viande frigo. Bœuf	Id.	180 »			
Viande frigo. Mouton	Id.	170 »			
Conserves de viande	Id.	450 »			
Vivres viande fraîche	Ration 350 gr.	0 30			
Viande de conserve	Ration 200 gr.	0 30			
Sucre raffiné	Le quintal.	120 »			
Sucre cristallisé	Id.	90 »			
Café vert	Id.	300 »			
Café torréfié (grains)	Id.	367 »			
Café torréfié (tablettes)	Id.	267 »			
Bois	Id.	3 50			
Charbon de bois	Id.	18 »			
Charbon de terre	Id.	6 50			
Essence	l'hectolitre	55 »			
Benzol	Id.	30 »			
Pétrole	Id.	40 »			
Allumettes	Boîte de 50	0 05			

Nous donnons ensuite, espérant être utile aux commandants des unités automobiles, le tarif de certaines substitutions réglementairement admises et qui permettront, dans une certaine mesure, de varier la nourriture des hommes.

Tarif de certaines substitutions permises.

A.

	Ration forte. Kgr.	Ration normale. Kgr.
On peut remplacer la ration de viande de bœuf fraîche ou frigorifiée qui est de	0 500	0 400
Par :		
Du mouton, du porc frais, du cheval*, du veau*, du lapin*, du poisson frais*, de la morue salée*, des harengs fumés ou salés*, des sardines salées*.	0 500	0 400
Des conserves de viandes (bœuf assaisonné)..	0 300	0 200
De la viande d'Amérique ou d'Australie (fumée ou salée*).	0 300	0 250
Du jambon fumé, des saucisses et saucissons fumés.	0 300	0 250
Du boudin, des cervelas, des saucisses fraîches.	0 375	0 300
Du porc salé	0 360	0 240
Des œufs (Nombre en remplacement)	10	8
Des conserves de poisson (thon et sardines à l'huile).	0 300	0 200

B.

	Kgr.	Kgr.
On peut remplacer la ration de lard, qui est de	0 030	0 030
Par :		
Du saindoux, du beurre de coco, de la margarine.	0 030	0 030
De la graisse de bœuf	0 040	0 040

C.

	Kgr.	Kgr.
On peut remplacer la ration de riz ou de légumes secs, de	0 100	0 060
Par :		
Des pois cassés, des lentilles, des nouilles	0 100	0 060
Des vermicelles, semoules, pâtes d'Italie, tapioca, farine de froment ou de maïs	0 100	0 060
Du fromage à pâte molle, gruyère ou hollande.	0 100	0 060
Des conserves de légumes	0 120	0 070
Des pommes de terre	0 750	0 450
De la choucroute	0 600	0 360
Des carottes, des navets ou des choux	1 »	0 600

D.

	Ration forte. Kgr.	Ration normale. Kgr.
Le tiers de la ration de pain qui est de......	0 250	0 250
Peut être remplacé par :		
De la farine de froment, de maïs.............	0 180	0 180
Des légumes..................................	0 180	0 180
Des pâtes alimentaires.......................	0 180	u 180
De la semoule, du tapioca....................	0 180	0 180
Des pommes de terre..........................	1 »	1 »

E.

	Kgr.	Kgr.
La ration de café qui est de.................	0 024	0 016
Peut être remplacée par du *thé*.............	0 008	0 005

Remarques : I. — Les aliments du paragraphe A, qui sont marqués d'un astérisque, font l'objet de l'observation suivante :

« La valeur énergétique de cette denrée de substitution étant inférieure à celle de la ration de viande qu'elle remplace, il sera nécessaire d'acheter, avec les fonds de l'ordinaire, un supplément d'aliments (graisse, fromage, sucre, légumes, œufs) le jour où il sera décidé de faire cette substitution. »

II. — Le tableau des substitutions que nous donnons *peut être (ou a pu être) sujet à des modifications* de la part du service des subsistances. Nous le donnons donc *à titre purement documentaire*, laissant à l'officier le soin d'y apporter les modifications qui lui seront suggérées par les nouveaux tarifs en vigueur au moment où il décidera de faire telle ou telle substitution. Notre but a été de lui montrer :

1° Que ce tarif existe;

2° Et le fonctionnement des *équivalences énergétiques*, c'est-à-dire la substitution *de telle ration en poids à telle autre d'un poids différent ou égal.*

Situation d'effectif.

(Prévision du nombre de rations.)

La *situation d'effectif* (*qu'il ne faut point confondre avec l'état d'effectif relatif aux cantonnements*) est une pièce que les commandants d'unité fournissent à l'intendance, aux dates demandées par le service des subsistances.

95e CORPS D'ARMÉE

e DIVISION.

Service automobile.

(1) Cet état est fourni à l'intendance; c'est une prévision de rations, afin de tabler sur des données sensiblement exactes pour les approvisionnements. En principe, situation à fournir tous les jours.

MODÈLE N° 3.

Instr. du 10 juin 1889.

Format du papier { larg., 0,m18. haut., 0,m26.

20e Escadron du train

Section R. V. F, B. 342.

SITUATION D'EFFECTIF (1)

(à ne pas confondre avec les « Etats d'effectifs » (cantonnement).

à la date du 19 *février* 1916.

Officiers	Présents	1
	Absents	»
	TOTAL	1
Troupe	Présents	28
	Absents	1
	TOTAL	29
EFFECTIF général du corps		30
Chevaux et mulets	Présents	*Néant.*
	Absents	*Néant.*
	TOTAL	*Néant.*

Aux Armées, le 18 *février* 1916.

Le *Lieutenant Dubois*,
commandant la section R. V. F., B. 342,
L. Dubois.

Le but de ces situations est de permettre à l'intendance de prévoir le *nombre total des rations probables* de tous les effectifs qu'elle alimente, afin de s'approvisionner en conséquence.

Tableau-Mémorandum (1)
du nombre de rations par jour et par grade.
(Décret du 3 février 1916.)

GRADES.	VIVRES.	CHAUFFAGE			OBSERVATIONS.
		Cuisson des aliments.	Préparation du café.	Chauffage d'hiver.	
Généraux commandant une armée ou un groupe d'armées et directeur de l'arrière	6	6	»	6	Les agents mobilisés des divers services (Trésor, postes, télégraphes, douanes et forêts) ont droit au nombre de rations de vivres et de chauffage prévues pour les officiers et hommes de troupe suivant la correspondance du grade. Quel que soit leur grade, les officiers n'ont droit qu'à une seule ration de tabac par jour.
Généraux commandant un corps d'armée	4	6	»	6	
Généraux de division, de brigade et assimilés	3	6	»	6	
Officiers supérieurs et assimilés	2 1/2	5	»	5	
Capitaines et assimilés	2	4	»	4	
Lieutenants et sous-lieutenants et assimilés	1 1/2	3	»	3	
Employés militaires sous-officiers	1	2	»	2	
Sous-officiers de troupe	1	2	1	2	
Hommes de troupe	1	1	1	1	
Personnel non désigné au présent tarif	1	1	»	1	

Manière de toucher les vivres à titre gratuit.

Ces vivres sont alloués à la section sur la présentation de bons dont nous donnons un exemple.

Ces bons (modèle 13, n° 381 de la nomenclature) sont détachés d'un carnet à souche.

(1) Ce tableau peut être sujet à des variations. En conséquence, s'informer à l'intendance pour toutes rectifications ultérieures à y apporter s'il y a lieu.

* ARMÉE.

* CORPS D'ARMÉE.

* DIVISION.

* Brigade.

(a) Distribution *ou* réapprovisionnement, suivant le cas.

BON DE[(a)] *distribution.*

Service automobile.

Corps : *20e Escadron du train.*

Détachement. { *Section R. V. F., B. 342.*

M. *L. Dubois, Lieutenant commandant*, officier d'approvisionnement *ou* chargé de la perception.

DÉSIGNATION des FOURNITURES.	NOMBRE de rations.	TAUX des rations.	QUANTITÉ en CHIFFRES.
		kil. gr.	kil. gr.
Pain biscuité.....	28	0 700	19 600

Date de la distribution.......... *18 février 1916.*

Désignation du magasin......... *X*-sur-Oise.*

Nom de l'officier d'administration gestionnaire.................... } *M. Rambault.*

Centre de distribution.......... *X*-sur-Oise.*

SUBSISTANCES MILITAIRES — SUBSISTANCES MILITAIRES

* ARMÉE.

* CORPS D'ARMÉE.

* DIVISION.

* Brigade.

(a) Distribution *ou* réapprovisionnement.
(b) Préciser le magasin chargé de la distribution et le gestionnaire qui en est chargé.
(c) Nom et grade de l'officier d'approvisionnement *ou* de l'officier chargé de la perception.

BON DE[(a)] distribution.

N° 381 de la Nomenclature.

MODÈLE N° 13. (Art. 25, 26, 27 et 31 de l'instruction du 22 août 1899.)

Sur l(b)*e Magasin de X...*, géré par M. *Rambault*, officier d'administration.

Service automobile.

Corps : *20e Escadron du train.*

Détachement : *Section R. V. F., B. 342.*

M. (c) *L. Dubois, Lieutenant commandant la R. V. F., B. 342.*

DÉSIGNATION des FOURNITURES.	NOMBRE de rations.	TAUX des rations.	QUANTITÉS PERÇUES EN TOUTES LETTRES	QUANTITÉS PERÇUES en CHIFFRES	DÉCOMPTE (2)	OBSERVATIONS
		kil. gr.		kil. gr.		
Pain biscuité.....	28	0 700	*Dix-neuf kilos et six cents grammes.*	19 600		

Aux Armées (3), le 18 *février* 1916.

Le Lieutenant commandant la R. V. F., B. 342.

L. DUBOIS.

(1) Indiquer dans la colonne d'observations la date et le numéro de l'ordre modifiant le taux réglementaire des rations.

(2) Cette colonne n'est remplie que pour le bon de réapprovisionnement concernant les achats effectués par les officiers d'approvisionnement.

(3) Date de la perception ou de la régularisation, conforme à celle du talon.

TEMPS QUE LA DISTRIBUTION CONCERNE.	DÉCOMPOSITION DE L'EFFECTIF SERVANT DE BASE A LA PERCEPTION. Grades.	Nombre	OBSERVATIONS.
Année 1916. 1er trimestre. Mois de *février*. du 18 au 19.	Officiers supérieurs et assimilés....................	»	
	Capitaines et assimilés.....	»	
	Lieutenants, sous-lieutenants et assimilés........	»	
	Hommes de troupe, quel que soit le grade............	28	
	TOTAL......	28	

Instruction concernant l'établissement des bons.

Les bons sont établis distinctement pour chacun des services des vivres, des fourrages et du chauffage ; ils ne doivent pas cumuler des jours de différents mois.

Ils sont remis au distributeur préalablement remplis par toutes les indications que leur contexture comporte : les ratures et surcharges doivent être, le cas échéant, dûment approuvées.

Les parties prenantes conservent les talons des bons comme renseignements personnels.

DISTRIBUTION DU 18 AU 19 *février*

Effectif.............................. 28

Officiers supérieurs.................. *Néant.*

Capitaines........................... *Néant.*

Lieutenants et sous-lieutenants..... *Néant.*

Hommes de troupe, quel que soit le grade........................... 28

NOTA. — L'effectif de la section et la décomposition de cet effectif ne comportent pas l'officier commandant, puisque nous admettons que ce dernier ne mange pas à l'ordinaire.

On doit noter (chose importante pour s'éviter des ennuis) *qu'il faut faire des bons de distribution distincts :*

a) Pour le pain;
b) Pour les denrées telles que les petits vivres, etc.;
c) Pour la viande fraîche, viande frigorifiée, etc.;
d) Pour le bois de chauffage;
e) Pour la paille de couchage.

Les bons de distribution sont datés et signés par le commandant de l'unité, qui veille aussi à ce que les rations perçues soient soigneusement indiquées, ensuite, sur le carnet de comptabilité en campagne, au chapitre VII.

Une chose très importante aussi, qu'il ne faut point oublier, surtout au début, c'est de vérifier périodiquement (par exemple tous les quinze jours) le *nombre total de rations perçues*, afin de ne point dépasser le total auquel on a droit par trimestre. Nous reviendrons sur cette question pour éviter à nos lecteurs des erreurs que nous avons vu faire par des commençants.

Tableau-Mémorandum
relatif à la composition des rations de vivres et tabac.
(Chiffres donnés sous réserves de variations ultérieures.)

DENRÉES.			RATION de vivres de réserve	RATION forte.	RATION normale.
Pain ...		Pain ordinaire	»	0k 750	0k 750
		Pain biscuité	»	0k 700	0k 700
		Pain de guerre	0k 300	0k 600	0k 600
Vivres-viande.		Viande fraîche	»	0k 500	0k 400
		Viande de conserve (assaisonnée)	0k 300	0k 600	0k 600
Vivres de campagne.	Petits vivres.	Légumes secs *ou* riz	»	0k 100	0k 060
		Sel	»	0k 020	0k 020
		Sucre	0k 080	0k 032	0k 021
		Café torréfié (tablettes)	0k 036	»	»
		Café torréfié (en grains ou en tablettes)	»	0k 024	0k 016
		Café vert	»	0k 0285	0k 019
	Lard (en principe distribué en même temps que la viande fraîche)		»	0k 030	0k 030
	Potage salé (en principe distribué en même temps que la viande de conserve)		0k 050	0k 050	0k 050
	Eau-de-vie		0l 0625	»	»
	A tout homme bivouaqué ou à titre exceptionnel	Vin	»	0l 25	0l 25
		ou cidre *ou* bière	»	0l 50	0l 50
		ou eau-de-vie	»	0l 0625	0l 0625
Tabac .		Tabac caporal pour les officiers	0k 020	0k 020	0k 020
		Tabac de cantine pour la troupe	0k 015	0k 015	0k 015

Renseignements complémentaires et conseils sur la manière d'établir un tableau en prévoyant les variations des chiffres donnés.

SUPPLÉMENTS EXTRAORDINAIRES.

Les suppléments extraordinaires les plus susceptibles d'être alloués sont :

1° La ration de liquide;

2° Ou 1/3 de la ration de pain;

3° Ou 1/5 de la ration de viande.

4° On peut aussi, dans certains cas, allouer une fraction déterminée (1/2, 1/3, 1/4) de la ration *forte* ou *normale.*

Ces suppléments peuvent être remplacés par tous autres aliments équivalents trouvés dans la contrée où sont les troupes. L'ordre du commandement précise d'une façon exacte les corps, fractions de corps ou services auxquels ils sont momentanément alloués.

Les gradés comptables ou les officiers commandants d'unités qui désirent avoir dans leur bureau, à titre documentaire, le tableau-mémorandum de la composition des rations de vivres et tabac peuvent l'établir en laissant des colonnes vides pour prévoir le cas de modifications éventuelles.

Les chiffres modificatifs seront inscrits au crayon, afin de les effacer pour les remplacer eux-mêmes par d'autres.

L'en-tête de leur tableau-mémorandum deviendra alors le suivant :

DENRÉES	RATIONS DE VIVRES de réserve.	CHIFFRES modificatifs.	RATIONS FORTES.	CHIFFRES modificatifs.	RATION NORMALE.	CHIFFRES modificatifs.

Raisons pour lesquelles les commandants d'unités et leurs gradés comptables doivent se tenir au courant de la question des rations.

Si nous avons donné les tableaux précédents (quelques fluctuations qu'ils puissent subir) c'est que les commandants d'unités ont intérêt, *pour ne pas avoir de « trop-perçus » en vivres au bout du trimestre*, à faire tenir un carnet (analogue au « *carnet dit du fourrier* ») qui permet de régler le nombre total des rations à toucher pour trois mois. Si, par exemple, l'officier s'aperçoit que, sur les deux premiers mois d'un trimestre, il a touché plus des deux tiers des rations qui lui sont allouables par trois mois, il devra, le troisième mois, réduire ses demandes en proportion, *pour arriver à ne point avoir de « trop-perçus » à la fin du trimestre.*

CINQUIÈME PARTIE.

PIÈCES COMPTABLES RELATIVES AU LOGEMENT, AU CANTONNEMENT OU AU COUCHAGE.

Renseignements préliminaires.

Nous savons d'une façon générale que les troupes en campagne peuvent être :

a) Soit bivouaquées;

b) Soit campées ou baraquées;

c) Soit cantonnées;

d) Soit logées chez l'habitant.

On peut classer le logement, quand on étudie l'administration des unités en campagne, comme une sorte d' « allocation en nature ».

Passons en revue les différents cas *a*), *b*), *c*) et *d*) que nous venons d'énumérer.

a) Troupes bivouaquées.

Les troupes passées en position de bivouac ont droit, au point de vue du couchage, à une *demi-ration de paille* par homme et par nuit.

b) Troupes campées ou baraquées.

Les troupes logées sous la tente ou sous les baraques ont droit à une ration de paille par quinzaine.

Pour des motifs d'économie, il est arrivé quelquefois que le remplacement de paille n'avait lieu que tous les mois.

L'officier tâchera de concilier les conditions d'hygiène et d'économie. Il est évident que, pour un long séjour dans un même cantonnement, si l'on peut se procurer de la toile d'emballage on pourra faire des paillasses pour les hommes.

Certaines sections automobiles, qui s'occupent du ravitaillement en viande, pourront obtenir, par exemple, de toucher les toiles d'emballage qui proviennent des envois de viandes frigorifiées. Ces toiles, lavées au préalable, et mises en double, peuvent constituer des sortes de paillasses.

Il en résultera, pour l'Etat, une économie de paille et, pour les hommes, une augmentation de bien-être qu'un commandant d'unité ne saurait négliger.

Il faut, en effet, ne pas oublier que le bon sommeil d'une troupe, chaque fois que des considérations de service ne s'y opposent pas, constitue un facteur de bon rendement.

Cela est un cas particulier; toutes les sections automobiles n'ont pas toujours les chances de pouvoir s'installer ainsi, mais nous croyons bon de signaler l'ingéniosité de quelques-uns pour être utile à tous.

Un autre moyen consiste également, quand on veut améliorer l'hygiène tout en économisant la paille, à isoler cette dernière du sol par des couchettes faites au moyen de quelques planches. Ce moyen de procéder est très utilisé pour *les sections de parc automobiles* qui sont appelées à séjourner très longtemps dans les mêmes endroits.

Enfin, quelques commandants d'unités ont fait fabriquer des lits pliants pour leurs hommes. Comme cette méthode n'a évidemment rien de réglementaire, si elle est utilisée toujours pour des motifs très louables (*hygiène, bon repos des hommes, économie des deniers de l'Etat*), il faudrait tenir compte de ce que ces couchages de fortune doivent, une fois pliés, tenir une place minime.

Nous insistons donc, auprès de nos lecteurs, pour bien leur montrer que les renseignements que nous venons de donner, *à part l'allocation pure et simple* d'une ration de paille par homme et par quinzaine, pour troupes campées ou baraquées, constituent une digression extra-réglementaire.

En résumé, nous n'avons cité cette digression que *pour mémoire*, en vue de montrer les dispositifs qui ont été utilisés et qui présentent, à notre avis, des avantages multiples au point de vue de l'économie des deniers de l'Etat, d'une part, et du bien-être des hommes, d'autre part, comme nous l'avons déjà fait comprendre.

c) Troupes cantonnées.

Les troupes cantonnées ont droit à un abri, au feu et à la lumière.

Quand une troupe reste plus de trois jours dans cette situation, elle acquiert le droit à la paille de couchage, renouvelable tous les quinze jours (une ration par homme et par quinzaine).

Pour mémoire : la paille peut être donnée sous deux taux de ration :

1° La paille longue (ration de 5 kilogrammes);
2° La paille courte (ration de 7 kilogrammes).

Il est à noter qu'une troupe cantonnée pour un séjour de trois nuits au moins ne peut recevoir de paille de couchage sans l'ordre du commandement.

Enregistrement des rations de paille de couchage.

Avant de terminer les questions qui ont trait aux rations de paille de couchage, nous dirons que l'officier commandant doit les faire enregistrer au carnet de comptabilité en campagne, au chapitre VII.

d) Troupes logées chez l'habitant.

1° Quand la troupe est logée chez l'habitant, l'officier a droit à une chambre.

Le propriétaire de ladite est indemnisé par une prime de 1 franc par jour et par officier.

2° Chaque fois que cela est possible, les sous-officiers ont droit également à une chambre.

L'habitant reçoit alors une indemnité de 0 fr. 20 par jour et par sous-officier.

3° Enfin, les brigadiers et les soldats ont droit à un lit pour deux quand il y a possibilité, ce qui est d'ailleurs assez rare, surtout avec des effectifs importants, dans un périmètre restreint. Le cas le plus général est celui du logement des brigadiers et hommes dans de grands locaux pour lesquels le propriétaire touche 0 fr. 05 par jour et par homme.

En plus de cela, les troupes logées chez l'habitant ont droit, comme celles cantonnées, au feu et à la lumière.

Quelques conseils utiles pour faire le cantonnement.

En arrivant dans un endroit où la section doit cantonner, l'officier *se rend à la mairie* avec son *ordre de mouvement*, afin de pouvoir toucher les billets de logement et de cantonnement nécessaires à son personnel.

(Quand il s'agit de calculer la superficie nécessaire au cantonnement des hommes, l'officier doit se baser sur une surface de 1 mètre sur 2 mètres par homme.)

Pièces comptables nécessitées par le cantonnement des unités.

A la fin de chaque mois, ou le jour du départ de sa formation, l'officier doit fournir à la municipalité un état de cantonnement qui indique :

1° *Le nombre des hommes affectés à tel ou tel local;*
2° *L'adresse exacte des locaux occupés;*
3° *Le nom du propriétaire de chacun d'eux;*
4° *La date d'arrivée de l'unité;*
5° *La date du départ de cette dernière.*

Les états de cantonnement sont quelquefois fournis en blanc par la mairie. L'officier les fait alors remplir par son gradé comptable.

Il existe également, pour l'usage précité, des imprimés auxquels on donne le nom d' « *Etats numériques* » et remplissant le même but. (Voir spécimen.)

L'officier pourra, le cas échéant, s'il ne possède pas d'imprimés spéciaux, fournir un « *état d'effectif* » du modèle que nous avons souvent utilisé. Ce modèle est très simple et tout à fait suffisant, à notre avis.

Quoi qu'il en soit, chose importante à noter : *les états de cantonnement doivent toujours être fournis par l'officier en double exemplaire.*

Ces pièces comptables, que l'on pourrait appeler des « *pièces-témoins* », permettront aux municipalités de se faire rembourser par l'Etat le montant des frais occasionnés par le logement ou cantonnement des troupes chez l'habitant.

95e CORPS D'ARMÉE.

DÉPARTEMENT de *Seine-et-Marne.*

ARRONDISSEMENT de *Y*...

COMMUNE *de X*...

MOIS de *mai* 1916.

(1) *20e Escadron du train des équipages.*

Section R. V. F., B. 342.

MODÈLE N° 1 *bis.*

Loi du 3 juillet 1877.

Art. 30 du décret du 2 août 1877, modifié par le décret du 23 novembre 1886.

Instruction du 23 novembre 1886.

ÉTAT NUMÉRIQUE des hommes et des animaux qui ont été cantonnés dans la commune de X..., *du* 1er *au* 31 mai 1916 *inclus.* (2)

	EFFECTIF.		NOMBRE DE NUITS.	
	OFFICIERS et troupe. 1	CHEVAUX et mulets. 2	OFFICIERS et troupe. 3	CHEVAUX et mulets. 4
Effectif des hommes et des animaux présents au premier jour du (3) *mois de mai* 1916 et nombre de nuits qui en résulte.	24	*Néant.*	744	*Néant.*
A augmenter, d'après les mutations inscrites au dos du présent état..........	2	*Néant.*	19	*Néant.*
A diminuer, d'après les mutations inscrites au dos du présent état..........	1	*Néant.*	6	*Néant.*
Effectif au dernier jour du (3) *mois* et totaux des unités....................	25	*Néant.*	757	*Néant.*

CERTIFIÉ le présent état montant aux quantités de (4) :
Sept cent cinquante-sept nuits d'officiers et de troupe;
Néant nuits de chevaux et mulets.

A *X*...., le 31 *mai* 1916.
Le (5) *Lieutenant Dubois, commandant la section R. V. F., B.* 342,
DUBOIS.

VU :
Le (6) *Maire de la commune de X*....,
ILLISIBLE.

(1) Indication du corps de troupe et de la portion du corps (compagnie, escadron ou batterie).
(2) Si la période du séjour comprend des nuits afférentes à deux ou plusieurs mois, il est établi des états distincts par mois.
(3) Du mois ou du séjour.
(4) Indiquer les quantités en toutes lettres.
(5) Chef de corps ou de détachement.
(6) Sous-intendant militaire ou son suppléant, ou le maire.

ETAT NOMINATIF[1] *des hommes qui ont fait mutation du* 1er *au* 31 mai 1916 *inclus.*

NUMÉROS des		NUMÉROS MATRICULES.	NOMS et PRÉNOMS.	GRADES.	MOTIFS ET DATES DES MUTATIONS.	AUGMENTATIONS.				DIMINUTIONS.			
						OFFICIERS ET TROUPE.		CHEVAUX ET MULETS.		OFFICIERS ET TROUPE.		CHEVAUX ET MULETS.	
bataillons.	compagnies, escadrons ou batteries.					Effectif.	Nombre de nuits.	Effectif.	Nombre de nuits.	Effectif.	Nombre de nuits.	Effectif.	Nombre de nuits.
1	2	3	4	5	6	7	8	9	10	11	12	13	14
		04537	*Lambrisset.... (Emile).*	*Brigadier.*	*Rentré de l'hôpital en date du 22 mai* 1916.	1	10	»	»	»	»	»	»
		02731	*Xavier (Jean)..*	2e *cl.*	*Venu du Parc automobile de réserve Z en date du* 23 *mai* 1916.	1	9	»	»	»	»	»	»
		05972	*Labat (Henri)..*	2e *cl.*	*Muté à la section sanitaire S. S.* 935 *en date du* 26 *mai* 1916.	»	»	»	»	1	6	»	»
				TOTAUX........	Effectif.............	2	»	»	»	1	»	»	»
					Nombre de nuits....	»	19	»	»	»	6	»	»

(1) Les mutations provenant de départ ou d'arrivée de détachements ne seront inscrites que numériquement.
(2) Chef de corps ou de détachement.

CERTIFIÉ par le (2) *Lieutenant Dubois, commandant la section R. V. F., B.* 342.

Aux Armées, le 31 *mai* 1916.

L. DUBOIS.

Nous avons vu, d'autre part, le taux des primes accordées à ce dernier. Résumons ce qui a été dit à ce sujet.

Il est payé à l'habitant, par jour et par personne :

	fr. c.
Pour les chambres d'officiers................	1 »
Pour les chambres de sous-officiers..........	0 20
Pour les brigadiers et hommes...............	0 05

Quelques principes qu'il est bon de rappeler au sujet des cantonnements.

1. Par raison d'économie des deniers de l'Etat, on ne doit jamais loger des troupes ou les faire cantonner chez l'habitant, alors que l'on peut trouver sur place des locaux disponibles appartenant à l'Etat. Exemple : casernes, baraquements, bastions restés libres, etc.

2. *On ne peut déloger l'habitant de sa propre chambre* ainsi que des locaux qui lui sont indispensables.

3. L'officier doit porter l'attention de ses hommes sur le fait qu'il leur est interdit *de causer des déprédations* dans les cantonnements.

4. Dans le cas où l'on est obligé de procéder à la réquisition d'un local dont le *propriétaire est absent*, il est utile :

a) De demander le *concours du maire;*

b) *De prendre deux témoins* (deux autres habitants du pays de préférence).

Le maire établira un procès-verbal, l'officier et les témoins signeront et le logement sera requis.

Nous conseillons, en pareil cas, à l'officier, de faire établir un « *état des lieux* » en présence des deux témoins qui auront été mandés précédemment, cela afin de pouvoir se défendre contre toutes réclamations ultérieures qui lui paraîtraient non fondées.

Note relative aux déprédations que les troupes peuvent causer chez l'habitant.

Comme nous venons de le faire remarquer, les officiers commandant d'unités doivent tenir la main à ce que les troupes logées ou cantonnées chez l'habitant ne puissent y occasionner des dégâts.

Les commandants d'unité *auront donc souvent intérêt à faire établir, en présence de l'habitant, un « état des lieux »*, cela avant la prise de possession des locaux par la troupe.

Dans le cas où des dégâts ont été réellement commis, *ils font l'objet d'un procès-verbal* établi *contradictoirement* en présence du maire et de l'officier commandant (ou, à défaut, d'un autre officier enquêteur) possédant l' « *état des lieux* ».

[Rien que ce fait indique combien cette dernière formalité (consistant à établir l'état exact et préalable des locaux) est prudente, pour éviter, en cas de dégâts, toutes réclamations exagérées.]

Le propriétaire pourra ensuite, avec le procès-verbal de constatation des dégâts, arriver à se faire rembourser les dommages occasionnés tout à fait comme toute réquisition dont il aurait été l'objet de la part d'un commandant d'unité.

Résumé des pièces comptables à fournir relativement au cantonnement et au couchage des hommes.

1° « *Etat de cantonnement* » ou « *de logement* » ou *état numérique* à fournir chaque fin de mois ou le jour du départ. (Faire cet état en double exemplaire et le remettre à la mairie.) (Voir spécimen état numérique.)

2° « *Etat des lieux* » à établir avant prise de possession des locaux destinés au cantonnement.

L'officier jugera si cet état doit être établi.

3° *Enregistrement au carnet de comptabilité en campagne* (chapitre I), où l'officier fait indiquer le nom des pays où sa formation a cantonné, ainsi que les dates d'arrivée et de départ.

4° Enregistrement au carnet de comptabilité en campagne (chapitre VII) des rations de paille de couchage touchées pendant le cantonnement en question.

SIXIÈME PARTIE.

COMPTABILITÉ-MATIÈRES.

Comptabilité de l'habillement, équipement, armement et munitions.

Notes préliminaires sur le fonctionnement du service de l'habillement.

Les demandes d'effets sont faites, en principe, à des époques déterminées par le commandement et au minimum tous les quinze jours, sauf, bien entendu, modification des instructions qui étaient données au moment où cet *Aide-mémoire* fut écrit.

Les demandes d'effets sont adressées, par voie hiérarchique, au *parc de réserve automobile* dont dépend la formation à laquelle ces effets sont destinés.

Bien que tout ce qui est fourni par le parc, dans cet ordre d'idées, ne se délivre « que contre échange » des effets hors service ou à réparer, le parc peut très bien admettre des commandes avec *échange ultérieur*, mais alors ce dernier est assujetti aux règles suivantes :

1° En principe, *les effets rendus doivent être très propres et lavés si c'est nécessaire;*

2° Les effets à réparer ou hors service sont remis par l'unité *au convoyeur des pièces de rechange* qui fait la liaison entre le parc de réserve et les unités automobiles.

Le convoyeur doit donner une pièce comptable constituant la décharge de la section;.

3° Les effets en échange ultérieur doivent être rendus au convoyeur des pièces *au maximum trois jours après la livraison des effets commandés;*

4° Toute livraison nouvelle peut être suspendue si l'unité ne rend pas les effets usagés qu'elle doit au parc.

Manière de faire les demandes.

Les demandes d'effets sont faites par les commandants de formations automobiles à l'aide de bons réglementaires (à demander au parc automobile de réserve dont on dépend).

En principe, si la section automobile fait partie d'un groupe, les bons doivent être transmis au chef de groupe, pour approbation; de là, ils seront envoyés au chef du service automobile de l'armée de rattachement.

Le chef du service automobile (C. S. A.) donnera, après examen, toutes instructions qu'il jugera utiles au commandant du parc de réserve automobile qui effectuera la livraison.

Quand il s'agit de formations automobiles isolées, ces dernières font apostiller leurs demandes d'effets par le C. S. A., qui donne au parc toutes instructions utiles suivant que la demande en question peut avoir une suite ou non.

Ecritures concernant l'habillement.

1re SÉRIE D'ÉCRITURES A PASSER POUR L'HABILLEMENT. CAHIER D'HABILLEMENT.

Comme écritures à tenir dans cet ordre d'idées, nous citerons d'abord le « cahier d'habillement », qui renseigne très bien le commandant de l'unité.

Il comprend les *entrées* et les *sorties*.

a) Dans la partie concernant les « *entrées* », l'officier fera inscrire la date des arrivages d'effets avec leur provenance ainsi que leur nombre global, mais par sorte.

b) Dans la partie « *sortie* », l'officier fera indiquer les noms des hommes qui ont touché des effets d'habillement, ainsi que le détail de ce qu'ils auront reçu.

Ce cahier est commode, très facile à tenir. A la fin du mois, on fera le balancement des comptes *entrées* et *sorties*.

e CORPS D'ARMÉE.
ou
(1)

PLACE
d

N° d'enregistrement au journal des comptes-matières.

(1) Gouvernement militaire d *ou* région *ou* division d .
(2) De cession, de livraison *ou* d'expédition.
(3) Cédés, délivrés *ou* expédiés à
(4) Cession, livraison *ou* expédition.
(5) Les colonnes « Réception » ne seront remplies que lorsque les différences constatées à l'arrivée seront mises à la charge de l'expéditeur, et lorsque le matériel, passant d'un service à un autre, change de numéro.

SERVICE COURANT.

SERVICE
de *l'Habillement.*

Désignation de l'établissement. { *Station-Magasin de C...*

FACTURE (2) *d'expédition.*

ENTRÉE.

N° 365
de la nomenclature.

MODÈLE N° 5.

Article 48 de l'instruction du 30 décembre 1902.

NOTA. — Dans le cas d'entrée sans dépenses en deniers, les colonnes du décompte ne doivent pas être remplies, et ce qui est relatif au remboursement est bâtonné.

FACTURE des matières et objets (3) expédiés à la Section R. V. F. B., 342, au titre du 20e Escadron du Train, *en exécution de l'ordre* de la D. E. S. N° 5273, du 15 novembre 1914.

(4) *D'EXPÉDITION.*							RÉCEPTION (5).			OBSERVATIONS.
NUMÉROS de la classification		DÉSIGNATION des matières et objets.	UNITÉ réglementaire.	QUANTITÉS.	PRIX de l'unité.	MONTANT en argent.	NUMÉROS de la classification		QUANTITÉS.	
sommaire.	détaillée.						sommaire.	détaillée.		
x	*y*	*Brodequins galoches.*	*N*	*24 paires.*						
		TOTAL..................								

NOTA IMPORTANT. — Cette facture d'entrée sera gardée par le commandant de l'unité R. V. F., B. 342 jusqu'à la fin du trimestre. Ensuite, elle sera expédiée, *avec les pièces trimestrielles, au bureau spécial de comptabilité du 20e escadron du train.*

C'est une pièce de prise en charge de matières, qui constituera un document justificatif des écritures du chapitre IX (Habillement) du carnet de comptabilité en campagne.

NATURE ET POIDS DES COLIS (1).			MATÉRIAUX D'EMBALLAGE. (Caisses, toile, ficelle, paille, clous, etc.)					
NUMÉROS.	NATURE.	POIDS.	NUMÉROS de la CLASSIFICATION sommaire.	NUMÉROS de la CLASSIFICATION détaillée	DÉSIGNATION des MATIÈRES ET OBJETS.	UNITÉ RÉGLEMENTAIRE.	QUANTITÉS	OBSERVATIONS

La présente facture certifiée véritable par comptable expéditeur.

A , le 19 .

Vu :

Le (4)

La vérification des matières et objets expédiés faite à l'arrivée dans la forme réglementaire (2)

l comptable, déclare prendre en charge les quantités indiquées d'autre part (3)

A , le 19 .

Vu :

Le (4)

PAYEMENT (5).

SECTION DU BUDGET, CHAPITRE , ARTICLE

La somme de
montant de la présente facture, a été payée par versement au Trésor, fait à
le 19 , suivant récépissé n°
(*ou*) par (6)

A , le 19 .

Le (7)

(1) Ces colonnes ne seront remplies que dans le cas où l'expédition n'aura pas lieu par la voie des transports généraux.

(2) N'ayant fait ressortir aucune différence à mettre à la charge de l'expéditeur *ou* ayant fait ressortir les différences détaillées dans le procès-verbal de réception dont extrait est ci-joint, différences à mettre à la charge du comptable expéditeur.

(3) On ajoutera « à la réception » lorsque les colonnes comprises sous ce titre seront remplies.

(4) Sous-intendant militaire, Sous-directeur, Commandant de l'artillerie, Chef de l'établissement, Chef du génie *ou* Médecin-chef.

(5) Indiquer la section et le chapitre du budget sur lesquels a été imputé le versement au Trésor, l'ordonnance de virement ou l'état de changement d'imputation.

(6) Ordonnance de virement (*ou*) état de changement d'imputation n° en date du

(7) Grade et qualité de l'ordonnateur.

95e CORPS D'ARMÉE
ou
(1)

PLACE
d

N° d'enregistrement au journal des comptes-matières.

(1) Gouvernement militaire de.. *ou* • Région *ou* Division d.......
(2) De cession, de livraison *ou* d'expédition.
(3) Cédés, délivrés *ou* expédiés ... *ou* cédés à... pour conversion.
(4) Cession, livraison *ou* expédition.
(5) Les colonnes « Réception » ne seront remplies que lorsqu'il s'agira d'une expédition et que les différences constatées à l'arrivée seront mises à la charge de l'expéditeur, ou lorsqu'en cas de cession gratuite le matériel doit être pris en charge dans les comptes d'un autre service de la Guerre.

SERVICE COURANT.

SERVICE
de *l'Habillement*.

Désignation de l'établissement. *Station-Magasin de C....*

FACTURE (2) *d'Expédition.*

SORTIE.

N° 369
DE LA NOMENCLATURE GÉNÉRALE.

MODÈLE N° 9.

Article 48 de l'instruction du 30 décembre 1902.

NOTA. — Dans le cas de sortie ne donnant pas lieu à payement, les colonnes du décompte ne seront pas remplies, et ce qui est relatif au remboursement sera bâtonné. Toutefois, dans le service de l'artillerie, il sera, s'il y a lieu, établi un décompte dans les conditions prévues par le paragraphe VII de l'article 74 de l'instruction du 30 décembre 1902.

FACTURE des matières et objets (3) *expédiés à la section R. V. F., B. 342, au titre du* 20e *escadron du Train*, en exécution de l'ordre de *la D. E. S.* N° 5273, *du* 15 *novembre* 1914.

(4) *D'EXPÉDITION.*							RÉCEPTION (5).			OBSERVATIONS.
NUMÉROS de la classification.		DÉSIGNATION des matières et objets.	UNITÉ réglementaire.	QUANTITÉS.	PRIX de l'unité.	MONTANT en argent.	NUMÉROS de la classification.		QUANTITÉS.	
sommaire.	détaillée.						sommaire.	détaillée.		
x	*y*	*Brodequins galoches.*	*N*	24 *paires*						
		TOTAL.................								

NOTA IMPORTANT. — Cette facture de sortie sera renvoyée, après vérification, dès l'arrivage des matières qui en font l'objet, à la *station-magasin* expéditrice. Elle constitue une pièce de décharge pour l'officier gestionnaire expéditeur.

MATÉRIAUX D'EMBALLAGE.

(CAISSES, TOILE, FICELLE, PAILLE, CLOUS, ETC.)

NUMÉROS de la classification		DÉSIGNATION des MATIÈRES ET OBJETS.	UNITÉ réglementaire	QUANTITÉS.	OBSERVATIONS.
sommaire.	détaillée.				

La présente facture certifiée véritable par l comptable soussigné.

A , le 191 .

Vu et vérifié la présente facture s'élevant à la somme totale de

dont le montant doit être remboursé par les soins de (1).

Le (2)

RÉCÉPISSÉ.

Reçu les matières et objets portés d'autre part (3),

dont il a été pris charge à la date de ce jour sous le n° des entrées du livre-journal.

A , le 191 .

L (4)

Vu et vérifié :

Le (2)

PAYEMENT.

La somme de

montant de la présente facture, a été payée par versement au Trésor fait à

le 191 , suivant récépissé n°

ou par (5)

A , le 191 .

L (6)

(1) Indiquer la partie prenante.

(2) Sous Intendant militaire, Sous-Directeur, Commandant de l'artillerie, Chef de l'établissement, Chef du génie *ou* Médecin-chef.

(3) On ajoutera « à la réception » lorsque les colonnes comprises sous ce titre seront remplies.

(4) Si la prise en charge est signée par l'officier d'habillement d'un corps de troupe *ou* le comptable du matériel d'une école militaire, le récépissé doit être complété par le visa du major.

(5) Ordonnance de virement..... *ou* état de changement d'imputation n°.... en date du...

(6) Grade et qualité de l'ordonnateur.

Nota. — Le récépissé ci-dessus doit être timbré à 0 fr. 10 quand il s'agit d'une livraison à un particulier (adjudicataire, entrepreneur, cessionnaire, etc.). (Art. 18 de la loi du 23 août 1871.)

Lorsqu'il existait des petits magasins d'effets par section (par exemple dans les sections de parc), cela permettait à l'officier de connaître ce qu'il possédait en magasin. Ces magasins de section ayant été supprimés et les parcs de réserve automobiles ayant seuls le droit d'en établir un, la tenue du cahier d'habillement conserve sa raison d'être, en ce sens qu'il permet à l'officier commandant de savoir nominativement ce que possèdent ses hommes.

Les effets en excédent, ceux devant être réformés ou simplement réparés, doivent être retournés au magasin du parc de réserve automobile par la camionnette de liaison.

Il arrive également, dans certains cas, que des vêtements sont retournés au magasin du corps.

Quoi qu'il en soit, qu'il s'agisse d'effets reversés au magasin du parc ou au magasin du corps, ils feront l'objet d'une inscription dans le cahier d'habillement, dans le tableau des « Sorties » ; l'officier fera, de plus, indiquer le nom de la partie destinataire ainsi que la date du versement.

Nous ne saurions trop recommander aux commandants d'unités automobiles de ne remettre les effets à verser que dans *un état de propreté* tel qu'ils ne puissent avoir, de ce fait, des difficultés ultérieures avec le magasin du parc, par exemple, comme la chose est arrivée bien souvent.

(Voir le spécimen de cahier d'habillement.)

Le spécimen de cahier d'habillement que nous montrons est extra-réglementaire; mais, étant donné qu'*il nous semble indispensable* pour la bonne tenue d'une comptabilité d'habillement, nous ne saurions trop recommander à l'officier qui désire toujours avoir sous la main la liste des bénéficiaires des distributions de vêtements, de procéder ainsi. Ce n'est pas beaucoup de travail et cela rend grand service.

Nous portons, en effet, l'attention des commandants d'unités sur ce que le cahier d'habillement (qu'ils feront établir par leur gradé comptable) vient compléter heureusement les écritures réglementaires prescrites au chapitre IX du carnet de comptabilité en campagne.

Dans ce chapitre IX, en effet, tout est centralisé, *mais écrit en bloc*, aussi bien comme *entrées* que comme *sorties*.

SPÉCIMEN D'UN CAHIER D'HABILLEMENT (pouvant être établi par le gradé comptable de la section).

Partie réservée aux entrées.

DATE des ARRIVAGES.	PROVENANCE.	Capotes.	Vestes.	Culottes.	Képis.	etc., etc. Etablir autant de colonnes qu'il y a d'articles.	OBSERVATIONS. (N veut dire neuf. U, usagé.)
2 mars 1916.	Parc automobile de réserve ZZ.	6 N	5 N	2 N	6 N		En échange. Renvoyé au parc les vêtements usés le 5 mars 1916.
	Rendu par :						
2 mars 1916.	ADALBERT......	1 U	0	0	1 U		
Id.	ARIMEAU......	1 U	1 U	0	1 U		
Id.	BAPEYROUX....	1 U	1 U	1 U	1 U		
Id.	BELIN..........	1 U	1 U	0	1 U		
Id.	BÉNARD........	1 U	1 U	1 U	1 U		
Id.	BEYLIE.........	1 U	1 U	0	1 U		
BALANCE du 31 mars 16.	TOTAUX.......	12	10	4	12		

Partie réservée aux sorties.

DATE des VERSEMENTS.	NOMS des BÉNÉFICIAIRES.	Capotes.	Vestes.	Culottes.	Képis.	etc., etc. Etablir autant de colonnes qu'il y a d'articles.	OBSERVATIONS.
2 mars 1916.	ADALBERT......	1 N	0	0	1 N		En échange d'usés.
Id.	ARIMEAU.......	1 N	1 N	0	1 N		Id.
Id.	BAPEYROUX....	1 N	1 N	1 N	1 N		Id.
Id.	BELIN..........	1 N	1 N	0	1 N		Id.
Id.	BÉNARD........	1 N	1 N	1 N	1 N		Id.
Id.	BEYLIE.........	1 N	1 N	0	1 N		Id.
5 mars 1916.	Renvoyé au parc de réserve automobile ZZ.. (Par camionnette de liaison.)	6 U	5 U	2 U	6 U		Fait signer le convoyeur : *Henri.* Le 5/3 16.
Au 31 mars 1916.	TOTAUX.......	12	10	4	12		NOTA. — Nous avons désigné par U les vêtements usagés et par N les neufs.

2e TRIMESTRE 1917.

(1) Désignation du corps.
(2) Bataillon, compagnie, escadron ou batterie.
(3) Effacer celle des deux dénominations qui n'est pas employée.
(4) Habillement ou harnachement.

SERVICE automobile.

(1) 20e Escadron du Train des Équipages.

(2) Section R. V. F., B. 342.

MODÈLE N° 6.

Art. 45, 46 et 52 de l'Instruction ministérielle du 8 novembre 1902.

FORMAT DU PAPIER :
Hauteur 0m,18
Largeur 0m,27

BULLETIN de passage des effets des 1re et 2e portions emportés par les { hommes / animaux (3) } ci-après dénommés (A) :

Numéros matricules	Noms	Grades	Marque			Pansement			Bourgeron de treillis			Caleçon			Capote			Ceinture de flanelle			Chaussettes			Chemise			Cravate			Pantalon		
			N. ou T. B.	B.	I.	N. ou T. B.	B.	I.	N. ou T. B.	B.	I.	N. ou T. B.	B.	I.	N. ou T. B.	B.	I.	N. ou T. B.	B.	I.	N. ou T. B.	B.	I.	N. ou T. B.	B.	I.	N. ou T. B.	B.	I.	N. ou T. B.	B.	I.
09167	Arimault (Louis)	Brigadier		1			1			2		1 p.				1			1			2 p.			2		1				1 p.	
8425	Beylie (Adolphe)	2e classe		1			1			2			2 p.		1				1			2 p.			2			1			1 p.	
	A reporter			2			2			4		1 p.	2 p.		1	1			2			4 p.			4		1	1			2 p.	

Noms	Gants			Peau de bique			Molletières			Tricot			Mouchoirs			Veste			Courroie de capote			Bonnet de police			Casque			Képi		
	N. ou T. B.	B.	I.	N. ou T. B.	B.	I.	N. ou T. B.	B.	I.	N. ou T. B.	B.	I.	N. ou T. B.	B.	I.	N. ou T. B.	B.	I.	N. ou T. B.	B.	I.	N. ou T. B.	B.	I.	N. ou T. B.	B.	I.	N. ou T. B.	B.	I.
Arimault (Louis)	1 p.			1				1 p.		1			1	1		1			1				1			1			1	
Beylie (Adolphe)	1 p.				1			1 p.			1		1	1		1				1			1			1			1	
A reporter	2 p.			1	1			2 p.		1	1		2	2		2			1	1			2			2			2	

Noms	Brodequins			Souliers de repos			Cartouchières-ceinturon			Mousqueton 1892			Cuiller			Musette			Fourchette			Gamelle			Sac à avoine			Quart		
	N. ou T. B.	B.	I.	N. ou T. B.	B.	I.	N. ou T. B.	B.	I.	N. ou T. B.	B.	I.	N. ou T. B.	B.	I.	N. ou T. B.	B.	I.	N. ou T. B.	B.	I.	N. ou T. B.	B.	I.	N. ou T. B.	B.	I.	N. ou T. B.	B.	I.
Arimault (Louis)		2 p.			0		1		1	Matricules : L. 5725				1		1				1			1		1				1	
Beylie (Adolphe)	1 p.				1 p.			1	1	N 2251				1		1				1			1		1				1	
A reporter	1 p.	2			1 p.		1	1	2	2 mousquet.				2		2				2			2		2				2	

Noms	Trousse			Boîte à graisse			Bidon (courroie de) (étui de)			Pantalon treillis			Couverture			Bourguignons galoches			Brassard			Lunettes	Mutations qui donnent lieu au passage
	N. ou T. B.	B.	I.	N. ou T. B.	B.	I.	N. ou T. B.	B.	I.	N. ou T. B.	B.	I.	N. ou T. B.	B.	I.	N. ou T. B.	B.	I.	N. ou T. B.	B.	I.		
Arimault (Louis)	1			1			1	1	1		2			1			1 p.			1		1 p.	Muté au Parc 2.
Beylie (Adolphe)	1			1			1	1	1		2			1			1 p.			1		1 p.	Id.
A reporter	2			2			2	2	2		4			2			2			2		2	

NOTA. — Les effets des 1re et 2e portions en service ne donnent lieu à aucune écriture dans les mutations de compagnie ou de corps, et ce n'est au présent bulletin, fourni à titre de renseignement (art. 55 de l'instruction).
(A) Sans distinction de classement pour les corps de troupe de l'artillerie et du train des équipages.

MARCHE A SUIVRE AU VERSO :
Faire les reports au dos, puis après avoir indiqué les chiffres totalisés, *en chiffres* et *en lettres dater, faire signer par l'officier Commandant l'unité* et mettre le tampon de l'unité.

Aide-mémo auto.

Numéros matricules	Noms	Grades	Masque			Pansement			etc.																																																																																																											Mutations qui donnent lieu au passage
			N. ou T.B.	B.	I.	N. ou T.B.	B.	I.	N. ou T.B.	B.	I.	N. ou T.B.	B.	I.	N. ou T.B.	B.	I.	N. ou T.B.	B.	I.	N. ou T.B.	B.	I.	N. ou T.B.	B.	I.	N. ou T.B.	B.	I.	N. ou T.B.	B.	I.	N. ou T.B.	B.	I.	N. ou T.B.	B.	I.	N. ou T.B.	B.	I.	N. ou T.B.	B.	I.	N. ou T.B.	B.	I.	N. ou T.B.	B.	I.	N. ou T.B.	B.	I.	N. ou T.B.	B.	I.	N. ou T.B.	B.	I.	N. ou T.B.	B.	I.	N. ou T.B.	B.	I.	N. ou T.B.	B.	I.	N. ou T.B.	B.	I.	N. ou T.B.	B.	I.	N. ou T.B.	B.	I.	N. ou T.B.	B.	I.	N. ou T.B.	B.	I.	N. ou T.B.	B.	I.	N. ou T.B.	B.	I.	N. ou T.B.	B.	I.	N. ou T.B.	B.	I.	N. ou T.B.	B.	I.	N. ou T.B.	B.	I.	N. ou T.B.	B.	I.	N. ou T.B.	B.	I.	N. ou T.B.	B.	I.	N. ou T.B.	B.	I.	
	Report			10			10		etc.																																																																																																										
Totaux : en chiffres				10			10		etc.																																																																																																												
Totaux : en toutes lettres				Deux			Deux		etc.																																																																																																														

CERTIFIÉ le présent bulletin de passage aux quantités d'effets énoncées ci-dessus.

Aux armées, le 1er mai 1917.

APPROUVÉ : *Le Major,*

Le Commandant de l'unité,
L. DUBOIS

20e ESCADRON DU TRAIN
SECTION AUTOMOBILE
R. V. F., B. 342.
LE LIEUTENANT COMMANDANT

Dans le cahier d'habillement, tout est également centralisé, mais l'officier sait, *de plus, où sont passés exactement les effets qu'il a reçus*. Il a les noms des bénéficiaires, sans être obligé de compulser pour cela tous les feuillets ou fiches d'habillement des hommes, surtout quand il s'agit d'effectifs importants.

2e SÉRIE D'ÉCRITURES A PASSER POUR L'HABILLEMENT. CARNET DE COMPTABILITÉ EN CAMPAGNE.

L'officier commandant n'oubliera pas ce que nous lui avons dit à propos du carnet de comptabilité en campagne.

Le chapitre IX mentionne la tenue d'une *comptabilité globale* dont nous avons parlé au sujet du carnet de comptabilité en campagne. (Le lecteur voudra bien s'y reporter.)

3e ET 4e SÉRIES D'ÉCRITURES A PASSER POUR L'HABILLEMENT. — LES « FICHES D'HABILLEMENT » ET LES « BULLETINS DE PASSAGE ».

Fiches d'habillement.

En temps de paix, le *livret individuel* de l'homme sert à l'inscription des effets qu'il a touchés. On met, à côté du chiffre de versement, l'indication :

N, pour les effets neufs;
B, pour les effets estimés comme bons.

Depuis la mobilisation, on use d'un système similaire, mais l'on procède par « *fiches d'habillement* » (en deux exemplaires). La fiche d'habillement tient lieu des inscriptions précitées faites au livret individuel en temps de paix.

La fiche d'habillement étant tenue en double exemplaire, il importe que toute inscription ou modification qui est faite à l'une des fiches (remise à l'homme et intercalée dans son livret individuel) soit également faite sur le duplicata qui fait partie des archives de la section, jusqu'au jour où l'homme change d'unité.

Il ne faut jamais omettre de faire signer l'homme, bénéficiaire d'une distribution d'effets, sur les deux fiches d'habillement correspondantes, afin que son émargement tienne lieu d'un reçu.

Nom : *Beylie.* Grade : *2e classe.* Venant du *P. A. O. Z.*

Prénoms : *Pierre-Emile.* Classe : *1896.* Affecté à la *section R. V. F., B. 342.*

UNITÉ	*P. A. O. Z.*	*P. A. O. Z.*		R. V. F., B. 342.									
MOIS	Décembre 1916	Décembre 1916		Mai 1917.									
JOUR	*9*	*10*		*1er*									
	POSSÈDE À L'ARRIVÉE.	D	R	D	R	D	R	D	R	D	R	D	R
Masque	0	1	0	0	0								
Pansement	0	1	0	0	0								
Bourgerons treillis	0	2	0	0	0								
Caleçons	0	2	0	0	0								
Capote	0	1	0	0	0								
Flanelle	0	1	0	0	0								
Chaussettes (paires)	0	2	0	0	0								
Chemises	0	2	0	0	0								
Cravate	0	1	0	0	0								
Pantalon	0	1	0	0	0								
Gants (paire)	0	1	0	0	0								
Peau de bique	0	1	0	0	0								
Molletières (paire)	0	1	0	0	0								
Tricot	0	1	0	0	0								
Mouchoirs	0	2	0	0	0								
Veste	0	1	0	0	0								
Courroie de capote	0	1	0	0	0								
Bonnet de police	0	1	0	0	0								
Casque	0	1	0	0	0								
Képi	0	1	0	0	0								
Brodequins (paire)	0	1	0	0	0								
Souliers de repos (paire)	0	1	0	0	0								
Veste de cuir	0	0	0	0	0								
Cartouchière	0	1	0	0	0								
Ceinturon	0	1	0	0	0								
Etui de revolver	0	0	0	0	0								
Cuiller	0	1	0	0	0								
Musette	0	1	0	0	0								
Fourchette	0	1	0	0	0								
Gamelle	0	1	0	0	0								
Sac à avoine	0	1	0	0	0								
Quart	0	1	0	0	0								
Trousse	0	1	0	0	0								
Boîte à graisse	0	1	0	0	0								
Brosse pour armes	0	1	0	0	0								
Serviette	0	1	0	0	0								
Bidon	0	1	0	0	0								
Etui de bidon	0	1	0	0	0								
Courroie de bidon	0	1	0	0	0								
Pantalons de treillis	0	2	0	0	0								
Bretelles de pantalon	0	1 p.	0	0	0								
Couverture	0	1	0	0	0								
Brodequins galoches	0	1 p.	0	0	0								
Brassard	0	1	0	0	0								
Lunettes	0	1 p.	0	0	0								
Mousqueton 1892 (N 2251).	0	1	0	0	0								
TOTAL	0	50	0	0	0								

En arrivant à la *section R. V. F., B. 342,*

Je possède *50* articles.

Le *21 décembre* 1916.

Signature : *Beylie.*

UNITÉ *R. V. F., B.* 342.

J'ai reçu *0* articles.

J'ai rendu *0* articles.

Le *1er mai* 1917.

Signature : *Beylie.*

UNITÉ

J'ai reçu articles.

J'ai rendu articles.

Le 191 .

Signature :

UNITÉ

J'ai reçu articles.

J'ai rendu articles.

Le 191 .

Signature :

UNITÉ

J'ai reçu articles.

J'ai rendu articles.

Le 191 .

Signature :

UNITÉ

J'ai reçu articles.

J'ai rendu articles.

Le 191 .

Signature :

UNITÉ

J'ai reçu articles.

J'ai rendu articles.

Le 191 .

Signature :

DÉPOT DU SERVICE AUTOMOBILE

UNITÉ.	ARRIVÉ LE :	PASSÉ LE :	A	CACHET DE L'UNITÉ.
Section R. V. F., B. 342.	*21 décembre 1916.*	*1er mai 1917.*	*P. A. R. Z.*	20e ESCADRON DU TRAIN ★ SECTION AUTOMOBILE R. V. F., B. 342. ★ LE LIEUTENANT COMMANDANT

Le deuxième exemplaire de la fiche d'habillement est envoyé par la poste à l'officier commandant l'unité nouvelle où l'homme se rendra dans le cas de mutation. (Voir modèle d'une fiche d'habillement.)

Bulletins de passage.

Dans le cas où un homme est muté dans une autre formation automobile, il emporte avec lui tous ses effets, *qui sont perdus pour la section que le soldat quitte.*

Il faut donc que l'officier ait une pièce comptable lui donnant décharge des effets emportés du fait de la mutation, et cette pièce comptable doit être signée par le commandant de l'unité réceptrice de l'homme muté et par suite des effets emportés, et renvoyée ensuite à l'unité expéditrice. Cette pièce comptable n'est autre que le « bulletin de passage ».

Ce dernier doit être signé de l'homme au départ, car alors cela évite toutes contestations à l'arrivée dans la nouvelle unité où, régulièrement, on doit effectuer la vérification matérielle des effets apportés. Le bulletin de passage, signé alors par le commandant de l'*unité réceptrice*, est ensuite renvoyé au commandant de l'*unité expéditrice où il servira de pièce justificative de sortie de l'habillement.*

Les bulletins de passage viennent à l'appui des écritures (chapitre IX) du carnet de comptabilité en campagne.

Comptabilité-matières.

UTILISATION DES FACTURES D' « ENTRÉE » ET DE « SORTIE » MODÈLES N° 5 ET N° 9. (Voir spécimen p. 147 et 149.)

Afin de bien faire comprendre le jeu des factures d' « entrée » et de « sortie », nous allons donner un exemple de leur utilisation.

Le lecteur sait (ou doit savoir) qu'à part les expéditions d'effets que peut effectuer le parc de réserve automobile, il peut également en venir des « *stations-magasins* » de l'intérieur.

Supposons que la section R. V. F., B. 342 établisse, au commencement de l'hiver, un *bon de distribution numéri-*

que (modèle n° 4) pour toucher *24 paires de brodequins-galoches.*

Ce bon sera transmis hiérarchiquement et, passant par la direction des étapes et services (intendance), arrivera à la station-magasin desservant le corps d'armée dont la section automobile dépend.

L'officier d'administration gestionnaire de la station-magasin de l'intérieur procédera à l'expédition, mais, en même temps, il transmettra au dépôt (20e escadron du train) *au titre duquel il livre :*

1° Une facture d'entrée (blanche);

2° Une facture de sortie (grise);

3° Le bon de distribution numérique initial, qui a déclenché l'expédition des matières demandées.

Le dépôt renverra, à son tour, au commandant de l'unité, les factures d'entrée et de sortie :

1° Pour que le commandant de l'unité se rende compte de l'*exactitude de ces factures;*

2° Pour vérifier que les matières annoncées sont bien arrivées;

3° Ou, *dans le cas contraire*, pour faire un rapport indiquant les manquants;

4° *Pour donner décharge*, s'il y a lieu, des matières reçues, en signant le récépissé qui est au dos de la facture grise;

5° Pour renvoyer *cette facture grise* à la station-magasin expéditrice, comme décharge de son expédition;

6° Pour garder la facture blanche (entrées), qui sera retournée au bureau spécial de comptabilité (du 20e escadron du train) comme pièce justificative, avec le carnet de comptabilité en campagne, à la fin du trimestre en cours.

Comptabilité de l'armement et des munitions.

Les demandes concernant l'armement et les munitions se font au parc d'artillerie où l'unité automobile est accréditée. En principe, c'est celui le plus proche de la section. L'officier commandant doit s'informer, dès qu'il arrive dans une armée, du parc d'artillerie dont il dépend.

Les demandes d'armes ou de munitions se font, par la voie hiérarchique, au chef du service automobile de l'armée de rattachement.

Si l'on admet que l'*unité automobile fait partie d'un groupe*, la demande passera, naturellement, par le commandant du groupe; si, au contraire, il s'agit d'une *unité automobile isolée*, — cas général des R. V. F. et des sections sanitaires, par exemple, — la demande sera faite directement au C. S. A.

REVUES D'ARMES.

Les revues d'armes sont à préconiser, tout au moins de temps en temps, — soit tous les mois ou tous les deux mois, suivant les circonstances, — cela, afin de forcer le personnel à veiller au bon entretien de l'armement qui lui est confié.

Nous estimons, à ce sujet, qu'une revue d'armes doit être passée très minutieusement.

L'officier donnera d'abord des instructions aux gradés, afin de faire placer les hommes dans l'ordre rigoureux du contrôle nominatif de la section. Tout le personnel de l'unité doit, à moins de cas de force majeure, participer à la revue, *car il n'est aucun prétexte admissible pour ne point entretenir l'armement.*

L'officier passera devant chaque homme qui présentera son arme démontée dans ses parties principales, bien dégraissée et en parfait état de propreté. Les canons des armes devront être parfaitement brillants à l'intérieur.

Aussitôt après la revue, on procède avec soin au remontage et au graissage.

CAHIER D'ARMEMENT.

Nous préconisons de tenir un cahier d'armement tout comme on tiendrait un cahier d'habillement.

Ce cahier comprendra le contrôle nominatif du personnel de la section par ordre alphabétique et par grade. En face de chaque nom, on inscrira *le numéro matricule de l'arme possédée, la nature de cette arme, son modèle*, enfin tous renseignements utiles pour *son identification exacte en cas de perte ou de substitution.*

Au moment de la revue d'armes, l'officier pourra, par conséquent, se rendre compte des armes manquantes ou des substitutions, car, au moment de l'appel du numéro matricule de l'arme, lu par l'officier sur le cahier d'armement, l'homme devra présenter ostensiblement le numéro gravé sur le mousqueton, ou sur le revolver, etc., etc.

On ménagera, sur le cahier d'armement, une colonne « Observations » où l'on indiquera, à chaque revue, les armes détériorées, les pièces à faire remplacer, etc., ainsi que les hommes qui, par raison motivée, n'ont pu participer à la revue du jour, et la date ultérieure à laquelle leur arme sera examinée.

A l'issue de la revue, on pourra faire un rapport et effectuer toute commande nécessitée par le remplacement des armes défectueuses (cas très rare, d'ailleurs, dans les sections automobiles), par le remplacement de pièces rendant l'arme inutilisable, etc., etc.

Pour mémoire. — La comptabilité de l'armement fait l'objet d'écritures au chapitre IX du carnet de comptabilité en campagne (déjà vu).

COMPTABILITÉ DES MUNITIONS.

Le petit cahier d'armement, dont nous venons de parler, servira également à tenir l'inventaire des munitions que chaque homme doit posséder. Type, calibre, nombre, etc., seront marqués sur le cahier précité.

Au moment de la revue d'armes, on vérifiera que chaque conducteur possède bien le nombre de munitions qui lui a été alloué. Sinon, après enquête, on devra faire le nécessaire pour compléter les manquants.

Pour mémoire. — Nous rappelons au lecteur que le chapitre IX du carnet de comptabilité en campagne comporte, comme pour l'armement, la comptabilité des munitions. (Se reporter, si nécessaire, à la description déjà faite du carnet de comptabilité en campagne.)

SEPTIÈME PARTIE.

COMPTABILITÉ DU MATÉRIEL ROULANT ET COMPTABILITÉS ANNEXES (ESSENCE ET INGRÉDIENTS).

Carnet de comptabilité en campagne.

Le carnet de comptabilité en campagne peut servir aux commandants d'unité automobile pour établir le contrôle du matériel roulant.

On se sert, à ce sujet, du chapitre VI, qui, dans les compagnies du train des équipages militaires utilisant la traction hippomobile, est affecté au contrôle des chevaux et mulets.

En adoptant cette manière de procéder, on placera les véhicules :

1° Par catégories : tourisme d'abord, véhicules lourds ensuite;

2° Par ordre numérique, en spécifiant : leur *marque*, le *numéro du moteur*, le *numéro du châssis*, le *numéro de la magnéto;* le *type* du véhicule, sa *série;* le *nombre de cylindres* du moteur, l'*alésage* et la *course;* le *poids mort* et le *poids utile;* le *genre* et la *dimension* des bandages, et enfin toutes autres observations utiles *permettant l'identification rigoureuse du véhicule* et de ses parties principales.

En face de chaque numéro de camion, camionnette ou voiture de tourisme, on indiquera les grosses réparations dont ils ont fait l'objet ainsi que les dates d'entrée et de sortie du parc après réparation.

Avantage de la tenue d'un cahier spécial de matériel roulant.

Le carnet de comptabilité en campagne étant *une pièce trimestrielle*, l'officier a intérêt à posséder un « cahier de matériel », qu'il conservera aux archives de sa section et sur lequel tous les renseignements précédents seront inscrits. (Voir ci-contre un spécimen de tenue de ce cahier.)

* ESCADRON DU TRAIN.

* SECTION.

COMPTABILITÉ DU MATÉRIEL ROULANT.

Conseils relatifs à la tenue d'un Cahier de Matériel centralisant les renseignements principaux.

NUMÉRO du VÉHICULE.	CATÉGORIE.	MARQUE.	TYPE, NUMÉRO de série.	NUMÉRO de MOTEUR.	NUMÉRO du CHASSIS.	DIMENSIONS et sortes DE BANDAGES.		CONTENANCE des RÉSERVOIRS.		MOTEUR.		PUISSANCE NOMINALE.	CARBURATEUR.	NUMÉRO de la MAGNÉTO et marque	CAISSE ou CARROSSERIE.	POIDS MORT.	POIDS UTILE.	CONSOMMATION NORMALE aux 100 kilomètres.	GROSSES RÉPARATIONS. Dates de mutations des véhicules au parc		PARC de RÉPARATION.	INDIQUER LE MOTIF des grosses réparations.	MUTATIONS DIVERSES (autres que celles nécessitées par les réparations) et OBSERVATIONS.
						Roues avant.	Roues arrière.	Essence.	Huile	Alésage.	Course								Parti le	Rentré le			
																							NOTA. — Ce cahier est *facultatif*. Nous le donnons en raison des avantages réels qu'il présente pour le commandant d'unité. (Lire le texte à ce sujet.)

Un cahier de matériel bien établi pourra être *très utile* à l'officier, qui n'aura point besoin de consulter autre chose pour avoir tous renseignements rapides, centralisés et à première vue.

Nous donnons le conseil de l'utiliser, car ce livre, bien que *non demandé réglementairement*, constitue un document précieux d'archives, qui pourra être compulsé avec fruit même après le départ d'un véhicule ayant quitté l'unité.

Les véhicules étant sujets, comme les hommes, à des mutations, nous inscrirons ces dernières sur notre contrôle de matériel (chapitre VI du carnet de comptabilité en campagne) et sur notre livre de matériel roulant.

Série de carnets réglementaires propres à chaque véhicule. — Le « livret matricule ». — Le « carnet inventaire ». — Les « carnets de ravitaillement ».

En dehors du carnet de comptabilité en campagne et du cahier de matériel, qui peuvent être considérés, jusqu'à nouvel ordre, comme des pièces d'archives que tout officier bon administrateur voudra tenir, il y a toute une série de petits carnets qui doivent être tenus avec le plus grand soin.

Ces carnets suivent le véhicule dans les différentes unités où il passe, tout à fait comme le « *livret individuel* » et le « *livret matricule* » de l'homme suivent ce dernier dans toutes ses mutations d'une formation à une autre.

Pour la série des petits carnets, il y a deux cas à envisager :

1° Les véhicules ont des *bandages pneumatiques;*

2° Les véhicules ont des *bandages autres que les bandages pneumatiques.*

1er cas. — VÉHICULES SUR PNEUMATIQUES.

Les livrets sont, dans ce cas :

1° Le « livret matricule » (jaune foncé);

2° Le « carnet-inventaire » (rouge rayé jaune);

3° Le « carnet de ravitaillement en pneumatiques » (gris bleu clair);

4° Le « carnet de ravitaillement en essence et ingrédients » (vert clair).

Les camionnettes, voitures sanitaires, voitures de tourisme ou voiturettes possèdent les quatre petits livrets en question à très bien faire tenir.

2e *cas.* — Véhicules sur bandages autres que les pneumatiques.

Quand on considère les véhicules lourds, camions, tracteurs, camions légers, etc., enfin tous véhicules roulant autrement que sur bandages pneumatiques, les livrets réglementaires, *à faire tenir avec le plus grand soin*, sont les suivants :

1° Le livret matricule (jaune foncé);
2° Le carnet-inventaire (rouge rayé marron);
3° Le carnet de ravitaillement (essence et ingrédients) (vert clair).

Comme on peut le constater, le nombre des livrets *qui suivent* un véhicule lourd est le même, à un près, que celui des véhicules *sur pneumatiques*, justement à cause de la comptabilité très serrée de ces derniers.

Les couleurs des trois livrets précédents sont les mêmes que pour ceux correspondant aux véhicules légers; cependant, la couleur du carnet-inventaire, qui est rouge dans les deux cas, comporte une *rayure jaune* pour les *véhicules légers* et une *rayure marron* pour les *véhicules lourds*.

Il est d'ailleurs facile de deviner, *a priori*, que ces deux carnets devaient avoir des mentions différentes imprimées, puisque l'un comportera des indications (outillage de démontage de pneumatiques) que l'autre ne comportera pas, et inversement.

1° Conseils sur la tenue du livret matricule (jaune foncé) (voitures quelconques).

Le livret matricule (propre au matériel roulant) doit être tenu avec le plus grand soin.

Ce livret est, en principe, conservé par le conducteur titulaire du véhicule. Il comporte tous renseignements permettant l'identification de ce dernier :

Son numéro;

Sa marque;
Le numéro du châssis;
Le numéro du moteur;
Le nombre de cylindres;
L'alésage et la course;
Le genre de bandages, etc., etc.

La tenue de ce carnet comprenant le passage du véhicule au parc pour les réparations, ainsi que les dates de ces dernières, on conçoit quels renseignements utiles le commandement pourra posséder sur la valeur de tel ou tel véhicule par simple consultation du petit carnet jaune.

Ce dernier comporte également quelques renseignements utiles sur le graissage et l'entretien périodiques. Le conducteur pourra le consulter avec fruit.

2° Conseils pour la tenue du carnet-inventaire (rouge, bande jaune, et rouge, bande marron).

Ce carnet comporte l'inventaire de l'outillage, des rechanges et accessoires afférents au véhicule considéré.

Il indique aussi les accessoires d'aménagement de première dotation, c'est-à-dire au moment où le véhicule a été livré à la formation qui l'utilise.

Le livret-inventaire est divisé en chapitres qui correspondent :

1° Aux fournitures ayant pour but de maintenir la première dotation;
2° Aux fournitures pouvant augmenter la dotation;
3° Aux fournitures pouvant la diminuer.

Ce carnet ne saurait trop intéresser les officiers commandant les formations automobiles, car *aucune augmentation ou diminution de la première dotation* des voitures ne peut se faire sans l'autorisation formelle des commandants d'unités.

C'est une manière excellente pour éviter le gâchis.

3° Carnet de ravitaillement en pneumatiques et chambres à air.

Sert pour tout véhicule monté sur bandages pneumatiques (voitures de tourisme, camionnettes, voiturettes, voitures sanitaires, etc., etc.).

On y indiquera les enveloppes et chambres à air livrées pour le véhicule considéré *ainsi que les kilomètres parcourus*. Ces derniers doivent être marqués avec beaucoup de soin, car on pourra juger très exactement de la durée des pneumatiques *eu égard aux kilomètres parcourus*.

4° Carnet de ravitaillement en essence et ingrédients (vert clair).

Ce carnet permet de connaître, par date, *ce qui a été distribué d'essence et d'ingrédients divers à un même véhicule*. Il porte, également, *mention du nombre de kilomètres parcourus*.

On a donc, possédant tous ces éléments, le moyen de calculer de suite *ce que le véhicule considéré consomme en essence et huile aux 100 kilomètres*.

Ce cahier est donc intéressant, et *il importe qu'il soit tenu d'une façon régulière et exacte*, car il donne le moyen de savoir si *la consommation normale n'est pas dépassée*.

Dans le cas où ladite consommation serait anormale, *on en rechercherait immédiatement les causes* et on n'hésiterait pas à faire tout le nécessaire pour remettre les choses en état.

Bien souvent on sera obligé de faire passer le véhicule en revision rapide, la consommation anormale provenant souvent de soupapes *mal rodées* ou de gicleurs *suralésés*.

Formalités à remplir dans le cas de mutation d'un véhicule d'une formation à une autre.

Dans le cas où l'on est obligé de faire passer un véhicule d'une formation à une autre, chose qui peut se produire, le cas échéant, quand il s'agit d'envoyer, par exemple, du matériel en réparation au parc, on doit :

1° Transmettre à l'*unité réceptrice la série des petits carnets* qui doivent suivre le véhicule comme le livret individuel doit suivre l'homme (*livret matricule*, *carnet-inventaire*, carnet de ravitaillement en essence et ingrédients, carnet de ravitaillement en pneumatiques, s'il y a lieu);

2° Etablir la pièce qui correspond à l'*avis de mutation* dans le cas de l'homme muté, mais qui s'appelle le « *Bul-*

letin de passage » dans le cas d'un véhicule (cette pièce est faite en double exemplaire, dont l'un reste à la formation expéditrice et l'autre va à la formation réceptrice);

3° *Mettre à jour toutes les écritures nécessitées par cette mutation* sur le carnet de comptabilité en campagne (chapitre VI), sur le cahier de matériel et sur ceux des petits carnets précédents qui comportent des cases à remplir en cas de changements d'unités.

HUITIÈME PARTIE.

COMPTABILITÉ TRIMESTRIELLE ET ANNUELLE ET RENSEIGNEMENTS COMPLÉMENTAIRES.

Notre but, en écrivant ce chapitre, *est simplement de donner un mémorandum* au commandant d'unité, au point de vue des pièces comptables à fournir tous les trois mois ou à la fin de l'année, et, de plus, de lui procurer quelques renseignements complémentaires utiles.

Ces pièces comptables (trimestrielles et annuelles) sont destinées au « bureau spécial de comptabilité de l'escadron du train de rattachement ».

Pièces à fournir tous les trois mois.

Etablir d'abord un bordereau d'envoi donnant la liste des pièces à expédier au bureau spécial de comptabilité, savoir :

1° Le *carnet de comptabilité en campagne;*

2° L'*extrait trimestriel du registre-journal des recettes et dépenses.* Ces dernières seront appuyées par toutes les pièces justificatives nécessaires : feuilles de prêt, feuilles d'émargement (officier et personnel à solde mensuelle), carnets de prêt (portant l'émargement du personnel à solde journalière), etc., etc.;

3° Le *carnet d'ordinaire en campagne;*

4° Les *pièces d'entrée et de sortie d'habillement* (venant corroborer les écritures du chapitre IX du carnet de comptabilité en campagne.

Pièces à fournir à la fin de l'année.

1° Toutes les pièces du dernier trimestre (pièces dont nous venons de donner l'énumération);

e CORPS D'ARMÉE. , *le* 191 .

e BRIGADE.

Le

au

à

BORDEREAU D'ENVOI.

NUMÉROS des PIÈCES.	DÉSIGNATION DES PIÈCES.	NOMBRE de PIÈCES.	OBSERVATIONS.
	TOTAL..........		

Reçu

A , *le* 191 .

Le

Format du papier :

Hauteur.......... 0m,36
Largeur.......... 0m,23

MODÈLE N° 57.

Règlement du 20 mars 1906 sur l'administration des corps de troupes. (Dispositions générales.)

NOTA. — Le développement des recettes et des dépenses par nature de fonds est rempli par le trésorier.

DÉSIGNATION du CORPS. — *20e Escadron du Train.*

DÉSIGNER la PORTION DU CORPS. — *Section : R. V. F., B. 342.*

EXTRAIT

DU REGISTRE-JOURNAL DES RECETTES ET DÉPENSES

Concernant le 4e trimestre 1914.

DATES.	NUMÉROS D'ORDRE D'INSCRIPTION AU JOURNAL.	DÉTAIL DES RECETTES et DES DÉPENSES.	RECETTES. fr.	c.	DÉPENSES. fr.	c.
Exercice 1914.						
11 octobre....	1	Avance de 15 jours de solde et de prime.......	209	25		
21 octobre....	2	Payé feuille de prêt : 11 au 21 octobre 1914.....			121	075
31 octobre....	3	Reçu complément: solde officier pour octobre..	249	45		
31 octobre....	4	Reçu feuille de solde (troupe) 1re quinzaine nov.	160	»		
31 octobre....	5	Reçu feuille de solde (troupe) 2e quinzaine nov.	450	»		
1er novembre.	6	Payé complément solde officier pour octobre...			249	450
1er novembre.	7	Payé feuille de prêt du 21 au 31 octobre........			223	585
11 novembre.	8	Payé feuille de prêt du 1er au 10 novembre....			155	300
21 novembre.	9	Payé feuille de prêt du 11 au 20 novembre.....			155	300
1er décembre.	10	Payé feuille de prêt du 21 au 30 novembre.....			144	050
1er décembre.	11	Reçu feuille de solde, officier pour novembre.	445	»		
1er décembre.	12	Payé solde de l'officier, pour novembre........			445	000
1er décembre.	13	Reçu feuille de solde (troupe), 1re quinz. déc...	190	»		
11 décembre..	14	Payé feuille de prêt du 1er au 10 décembre....			139	000
18 décembre..	15	Reçu feuille solde (troupe) pour 2e quinz. déc...	230	»		
21 décembre..	16	Payé feuille de prêt du 11 au 20 décembre 1914.			138	120
29 décembre..	17	Reçu solde officier décembre................	498	55		
31 décembre .	18	Payé solde officier décembre..............			498	550
31 décembre..	19	Payé feuille de prêt du 21 au 31 décembre.....			144	360
		TOTAL des recettes et dépenses......	2432	25	2413	790
		SOLDE CRÉDITEUR au compte courant du Trésor au 31 décembre 1914..............	18	46		
		Aux Armées, 31 *décembre* 1914.				
		Je soussigné, L. DUBOIS, Lieutenant commandant la section automobile R. V. F., B. 342, certifie cet extrait rigoureusement conforme au *Registre-Journal des Recettes et Dépenses* qui présente un solde créditeur de *dix-huit francs quarante-six centimes* au profit du Trésor, en date de ce jour.				
		L. DUBOIS.				

Partie rigoureusement identique au *Registre-Journal des Recettes et Dépenses*.

		A reporter.......				

DISTINCTION DES RECETTES

MASSES: Solde et accessoires de solde.	d'habillement.	des dépenses diverses	de chauffage et d'éclairage.	du casernement.	du harnachement.	FONDS SPÉCIAUX: Légion d'honneur.	Ordinaires.	Frais de déplacement.	Fonds divers.	Versement de fonds d'une portion de corps à une autre.

DISTINCTION DES DÉPENSES

Solde et accessoires de solde.	MASSES: d'habillement.	des dépenses diverses.	du chauffage et d'éclairage.	du casernement.	du harnachement.	de couchage et d'ameublement.	FONDS SPÉCIAUX: Légion d'honneur.	Ordinaires.	Frais de déplacement.	Fonds divers.	Versement de fonds d'une portion de corps à une autre.

L'officier commandant n'a pas à s'inquiéter de ce tableau qui n'est pas rempli par lui.

CERTIFIÉ par nous (1) le présent extrait, duquel il résulte que la situation de la caisse, à l'époque de ce jour, est de

A , le 191 .

VÉRIFIÉ par nous, Sous-Intendant militaire, et arrêté la situation de la caisse à la somme de

SAVOIR.. { En numéraire.......................... } Somme égale,
{ En pièces de dépenses non inscrites au registre-journal.......... }

ainsi que nous l'avons constaté au registre-journal, sur la représentation qui nous en a été faite.

A , le 191 .

Lesquelles rectifications sont adressées au (1)

(1) Désigner le grade, Commandant le détachement d

Vérifié par nous, Membres du Conseil d'administration, les recettes, et les dépenses portées d'autre part, de la balance desquelles il résulte un excédent de (1) s'élevant à la somme de

inscrite au registre de centralisation du trimestre 191 , pour la portion détachée.

A , le 191 .

Vérifié :

Le Sous-Intendant militaire,

(1) Recettes *ou* dépenses.

2° Le livret de solde de l'officier;

3° Le registre-journal des recettes et dépenses.

Nous croyons utile de donner quelques explications sur les pièces comptables en question.

A) Pour celles ici énumérées, *déjà décrites*, le lecteur voudra bien s'y reporter :

1° Le *carnet de comptabilité en campagne* est décrit page 30.

2° Le *carnet d'ordinaire en campagne* est décrit page 121.

3° Le *livret de solde de l'officier* est décrit page 80.

4° Le *registre-journal des recettes et dépenses* est décrit page 114.

B) Comme pièces trimestrielles *non déjà vues*, il reste :

1° L'*extrait trimestriel du registre-journal des recettes et dépenses;*

2° Les *pièces d'entrée et de sortie d'habillement.*

Quelques mots sur l'extrait trimestriel du registre-journal des recettes et dépenses.

Afin de faire connaître la façon dont cette pièce comptable est rédigée, nous en donnons un exemple (s'y reporter).

Le lecteur devra se rappeler qu'il s'agit simplement d'une *copie exacte* du registre-journal qui correspond à un trimestre, comme d'ailleurs l'indiquent les mots : « Extrait trimestriel..., etc. »

C'est donc très simple, il n'y a qu'à lire le spécimen que nous donnons pour savoir à la fois comment on tient un extrait trimestriel de registre-journal des recettes et dépenses et le registre-journal lui-même.

Pièces d'entrée et de sortie d'habillement.

L'officier peut avoir, en fin de trimestre, à renvoyer au bureau spécial de comptabilité du corps des pièces d'entrée et de sortie d'habillement (bulletins de passage, factures, etc.). Ces pièces comptables sont destinées à venir à l'appui des écritures passées au chapitre IX du carnet de comptabilité en campagne relativement à l'habillement reçu par l'unité ou reversé par elle.

ADMINISTRATION
D'UNE
FORMATION AUTOMOBILE

Mémorandum général
des pièces principales à fournir et des écritures à passer d'une façon périodique.
(Sous réserves de toutes modifications ultérieures prescrites par le commandement.)

ÉPOQUE.	DIVISIONS de la COMPTABILITÉ.	ÉCRITURES A PASSER.
Mémorandum quotidien.	*Personnel et Mutations.*	Mise à jour (s'il y a lieu) des contrôles nominatifs (chapitres IV et V du Carnet de comptabilité en campagne). Établir la situation administrative en tenant compte de l'effectif de la veille et des mutations de l'avant-veille. Préparer (si possible) toutes les pièces relatives aux mutations de la journée.
	Deniers	Passer toutes les écritures nécessaires au registre-journal des recettes et dépenses (entrées et sorties des fonds).
	Ordinaire	Préparer les bons de vivres pour la corvée de l'ordinaire. Enregistrement des rations touchées (chapitre VII du Carnet de comptabilité en campagne). Passer les écritures au carnet d'ordinaire. Rédiger la situation d'effectif (afin de fixer l'intendance sur *le nombre des rations de l'unité*). Donner (s'il y a lieu) les instructions pour faire préparer *les repas froids* des hommes mutés ou allant en déplacement.
	Logement, cantonnement couchage.	Passer toutes écritures nécessaires.
	Matières......	Mettre à jour le Carnet de comptabilité en campagne (chapitre IX) et le cahier d'habillement.
	Matériel......	Mettre à jour le Carnet de comptabilité en campagne (chapitre VI) et le cahier du matériel roulant.
Le 10 du mois.	*Deniers*.......	Etablir l'etat de solde (troupe), l'envoyer à l'intendance pour ordonnancement.
Mémorandum de dizaine.	*Ordinaire*.....	Etablir tous les 10 jours le bon de distribution pour toucher le *tabac*. Enregistrement de rations perçues au Carnet de comptabilité en campagne (chapitre VII).
		Tous les dix jours, dans certaines armées, ou tous les cinq jours dans d'autres, fournir la *situation-rapport* au chef de groupe ou directement au C. S. A. (sections isolées). [Effectif en hommes et matériel. munitions, mutations, punitions, demandes, état sanitaire).
Le 13 du mois.		Réclamer, s'il y a lieu, l'état de solde (troupe) qui a été envoyé le 10 à l'intendance.
Le 15 du mois.		Se rendre chez le trésorier-payeur pour toucher l'état de solde (troupe). Ne pas oublier d'emporter le « Carnet de solde » et les deux exemplaires de l'état de solde.

ÉPOQUE.	DIVISIONS de la COMPTABILITÉ.	ÉCRITURES A PASSER.
Mémorandum de quinzaine.	*Service postal.*	Etats de mutations postales (à fournir tous les 15 jours) pour les mutations de la quinzaine précédente.
	Deniers.......	Préparer la veille le payement du prêt du 16, du 30 ou 31. Établir la feuille de prêt. Vérifier que les calculs sont exacts en employant deux méthodes différentes.
	Divers........	Vérifier que l'on a suffisamment d'imprimés d'usage constant; sinon, s'en munir.
	Deniers.......	Payement du prêt. Émargement du personnel sur le « Carnet de prêt ». Vérification (après le prêt) pour constater que les émargements sont complets sur le carnet destiné à recevoir la signature du personnel. Enregistrement du montant de la feuille de prêt au registre-journal des recettes et dépenses (en dépenses).
	Ordinaire....	A chaque prêt, faire la « balance » du Carnet d'ordinaire en campagne. Reporter le boni sur l'exercice suivant. Vérifier que l'on n'a pas des « *trop-perçus exagérés* » comme rations touchées, sinon réduire les demandes en conséquence pour arriver à bien en fin de trimestre.
Tous les 25 du mois.	*Deniers*.......	Etablir les états de solde nécessaires au payement du prêt de la première quinzaine du mois suivant. Etablir l'état de solde (officiers) pour leur payer leur solde de fin de mois. Les envoyer à l'ordonnancement.
Le 29 ou le 30.	*Deniers*.......	Réclamer, s'il y a lieu, les états de solde à l'intendance le 29 ou le 30 pour le 30 et le 31.
Le 30 ou le 31.	*Deniers*.......	Se rendre chez le trésorier-payeur (avec livret de solde et état de solde).
Le 1er du mois suivant.	*Deniers*.......	Payer les officiers, faire signer la feuille d'émargement et payer le prêt.
Mémorandum trimestriel.	*Deniers*....... *Ordinaire*.... *Matières*.....	Envoyer au bureau spécial de comptabilité de l'escadron du train de rattachement avec bordereau à l'appui : 1° Le carnet de comptabilité en campagne; 2° L'extrait trimestriel du registre-journal des recettes et dépenses, avec toutes pièces de dépenses à l'appui : feuille de prêt, carnet de prêt, feuille d'émargement; 3° Le carnet d'ordinaire en campagne; 4° Toutes pièces d'entrée et de sortie d'habillement.
Mémorandum annuel	Vers le 15 décembre : demander à l'escadron du train un nouveau carnet de solde, un nouveau registre-journal. Arrêter tous les ans le registre-journal des recettes et dépenses. Le faire vérifier par l'intendance et le retourner au bureau spécial de comptabilité. Retourner le carnet de solde au bureau spécial de comptabilité.	

Renseignements complémentaires.

QUELQUES MOTS AU SUJET DU VAGUEMESTRE D'UNE FORMATION AUTOMOBILE.

Le *courrier postal*, les plis recommandés, etc., destinés à la formation automobile sont remis à un gradé qui est spécialement chargé de leur réception et de leur distribution, et que l'on appelle le « *vaguemestre* ».

Le commandant de l'unité accrédite ce dernier auprès du receveur des postes, au moyen d'une pièce d'identité appelée « Commission de vaguemestre », dont nous donnons un spécimen (page 183).

Cette pièce *comporte un duplicata* que l'on remet soit au receveur, soit à tout agent du service postal ayant qualité pour délivrer le courrier à la section.

Le vaguemestre *conserve* toujours sur lui l'*original* qui, comme nous l'avons fait remarquer, constitue, à son égard, une pièce d'identité dont il ne doit jamais se dessaisir.

Quant à la question des plis chargés, elle est résolue à l'aide du « *registre du vaguemestre* ». Ce registre comporte les principaux renseignements sur l'arrivée des plis recommandés, les dates d'arrivée, les noms des destinataires, etc., etc., et une colonne dans laquelle émargent les destinataires, en face de leur nom.

Manière d'organiser une caisse de comptabilité de section automobile.

Un commandant d'unité automobile a intérêt à ce que sa caisse de comptabilité soit *arrangée avec le plus grand ordre*, cela *afin de retrouver très rapidement tous les papiers et imprimés*, malgré les changements de séjours très fréquents de la formation essentiellement mobile.

Nous indiquons ici comment nous avons été amené à grouper nos papiers.

MODÈLE N° 9.

Articles 265 (inf.), 304 (cav.), 324 (artill. et train), du Règlement du 25 août 1913.

Format : 26×18.

Désignation du corps. (1) *20e Escadron du train des équipages.*

SERVICE AUTOMOBILE.

Section R. V. F., B. 342.

COMMISSION DE VAGUEMESTRE

Le (2) *Brigadier* Lambrisset (*Emile-Georges*), numéro matricule *04537*, remplira les fonctions de vaguemestre à partir du *11 octobre 1914*, en se conformant au Règlement sur le service intérieur des corps de troupe et aux lois et instructions sur le service des postes et des télégraphes.

Fait en double expédition.

A *Versailles*, le *11 octobre* 1914.

Le (3) *Lieutenant commandant la Section automobile R. V. F., B. 342.*

L. DUBOIS.

(1) Dans le cas d'un détachement, en faire la mention après celle du corps.
(2) Grade, nom et prénoms.
(3) Colonel ou chef de détachement.

Nous avions divisé notre caisse de comptabilité en cinq casiers, puis, chaque fois que la chose était possible, nous avons constitué des dossiers afin de former, dans chaque casier, des subdivisions. La liste, qui constitue en un mot une sorte d'inventaire de la caisse de comptabilité, était collée contre le couvercle et intérieurement. Par conséquent, en l'ouvrant, on avait toujours devant soi le détail des imprimés, papiers, registres, etc., qui y étaient contenus. L'officier pouvait donc très bien se rendre compte, à chaque moment, de ce qu'il possédait et retrouver chaque article, sous réserve, bien entendu, que le gradé comptable se conforme au précepte inhérent à l'homme d'ordre : « Une place pour chaque objet, et chaque objet à sa place. »

Chaque casier est désigné par un numéro, chaque dossier par une lettre, avec un petit chiffre index du casier.

Casier n° 1.

Dossier A^1.

Carnet de bons de commandes de pièces de rechange (1).

Catalogue des pièces de rechange du magasin central d'approvisionnement du service automobile.

Dossier B^1.

Papier blanc.

Casier n° 2.

Pâte à polycopier.

Dossier C^2.

Extraits trimestriels du registre-journal des recettes et dépenses.

Registre de déplacement.

Etat de solde (troupe) (bleus et blancs).

Etat de solde (officiers) (bleus et blancs).

Feuilles de prêt.

Dossier D^2.

Situations administratives.

Dossier E^2.

Papiers concernant les permissions.

Imprimés pour les permissions.

---

(1) Bons destinés au parc de réserve automobile dont dépend la section.

Dossier F^2.

Quittances 496.
Mémoires n° 3.
Factures 498.
Quittances n° 2.

Dossier G^2.

Bulletins de mutation.

Dossier H^2.

Bulletins d'hôpital (voir page 187).
Bons de vivres remboursables.
Etats signalétiques.
Demandes de médicaments (voir page 189).
Etats postaux de mutations.
Bulletins de recherches.

Dossier J^2.

Avis de mutation.
Bulletins de mise ou de cessation de subsistance.
Bons de distribution numériques.
Bulletins de versements numériques.

Dossier K^2.

Etats de cantonnement (modèle A) et de journées pour bureaux et magasins.

Dossier L^2.

Etats de cantonnement (modèle B).

Dossier M^2.

Situations-rapports.

Casier n° 3.

COMPTABILITÉ.

Carnet d'émargement du prêt (troupe).
Carnet de copie des feuilles de prêt et des états de solde (troupe et officier).
Carnet de comptabilité en campagne (trimestriel).
Cahier d'ordinaire (trimestriel).
Carnet de compte de décade.

Carnet de bons de vivres et essence.

Cahier contenant les notes et instructions du commandement (ordres, circulaires diverses, notes de services venant des autorités hiérarchiques).

Carnet d'enregistrement des punitions.

Registre-journal des recettes et dépenses (annuel).

Cahier de visite médicale.

Enregistrement de la correspondance.

Carnet à souche des factures n° 3.

Carnet à souche des bons de demi-journée de nourriture par réquisition.

Carnet à souche des quittances n° 4.

Cahier d'armement (et des notes concernant les revues d'armes).

Journal des marches et opérations.

Afin d'éviter les recherches, coller, sur le dos de la reliure des registres, une étiquette avec le titre bien apparent.

Casier n° 4.

Copie des lettres envoyées (manifold format commercial).

Cahier de consommation d'essence (par voiture).

Cahier du vaguemestre.

Cahier d'enregistrement du service. (Exemple : transports à effectuer pour une T. M. ou une T. P., ravitaillements pour une R. V. F.)

Chemise des documents en instance de réponses.

Etiquettes à placer au dos des registres.

Casier n° 5.

Chemise des situations administratives journalières (en attente de départ au bureau spécial de comptabilité).

Chemise des pièces à classer.

Cahier d'habillement.

Classeur biblorhapte de la correspondance reçue.

Dossier des permissions périmées.

Cahier du matériel roulant.

Casier n° 6.

Petit matériel de bureau : plumes, plumiers, encriers, colle, porte-plume et crayons.

Onglet servant à fixer le billet à la gauche du Livret individuel.

MODÈLE N° 44. (Art. 203 du Règlement.)

N° 221 D de la Nomenclature.

CERTIFICAT DE VISITE.

Le (1) ....

sera admis à l'hôpital étant atteint de

1° Indication de la blessure ou de la maladie.

2° Moyens curatifs déjà employés.

3° Observations générales.

A ...., le .... 19...

Le Médecin-major,

OBSERVATIONS DU MÉDECIN TRAITANT AU MOMENT DE LA SORTIE. (Diagnostic conforme à la nomenclature et renseignements divers.)	SIGNATURE du MÉDECIN TRAITANT.
Sorti le	

(1) Grade, nom, prénoms, corps ou service.

Aide-mém. auto.

SERVICE DE SANTÉ SERVICE DE SANTÉ

BILLET D'HOPITAL
concernant :

Nom (2) ....

Prénoms ....

Grade ....

Corps ....

— Cie, Esc^on, — Bie, N° matricule ....

Né le .... 18 , à ....

Canton d .... , dép' d ....

Fils de .... et de ....

domiciliés actuellement a .... , rue ....

Canton d .... , dép' d ....

Domicilié de droit à ....

Canton d .... , dép' d ....

Marié à D ....

actuellement domiciliée à ....

Canton d .... , dép' d ....

A .... , le (1) .... 19...

Vu : *Le Capitaine commandant,*

Le Major,

(1) Date en toutes lettres. (2) En gros caractères.

CASES DESTINÉES A L'APPOSITION DU TIMBRE HUMIDE INDIQUANT

LA DATE DE L'ENTRÉE.	LA DATE DE LA SORTIE.
N° .... d'enregistrement à l'hôpital.	

SERVICE DE SANTÉ SERVICE DE SANTÉ

MATRICULE. N°	INVENTAIRE DES EFFETS. CORPS	CASE. N° ....

Le (3) ....

Entré le .... 19 .

HABILLEMENT.		PETIT ÉQUIPEMENT.	
Capotes		Bas ou chausse^ttes (paires de)	
Ceintures de flanelle		Bottes (paires de)	
Dolman		Bretell^es de pantal^on (pai^res de)	
Épaulettes (paires d')		Brodequins (paires de)	
Pantalon de drap		Caleçons	
— de toile		Calottes	
Tunique		Chemises	
Veste		Cravates ou cols	
....		amelle	
....		Gants (paires de)	
Képi		Guêtres de cuir (paires de)	
....		— de toile (paires de)	
GRAND ÉQUIPEMENT.		Mouchoirs	
Bretelle de fusil		Musette	
Cartouchière		Pompon	
Casque		Quart	
Ceinturon		Sac de petite monture	
Giberne		Souliers (paires de)	
Havresac		Tricot	
Portemanteau		Trousse	
Shako		....	
....		....	
ARMEMENT.		....	
Fusil ou carabine n°		....	
Nécessaire d'armes n°		....	
Revolver n°		....	
Sabre n°		....	

Le Malade entrant, *L'Infirmier* .... *chargé du vestiaire,*

(3) Grade, nom et prénoms

NOTA. — Dans le service en campagne, cette partie ne sera remplie qu'au moment de l'arrivée du malade dans un établissement de l'intérieur. En cas d'évacuation en temps de paix, l'inventaire suit toujours le malade.

Ordre de visite

pour les officiers sans troupe, les isolés, etc.

M. ....

médecin .... est invité à visiter

M. ....

....

....

et à déclarer s'il est dans le cas d'entrer à l'hôpital et quels sont les motifs de son admission.

A ————————, le ————————19—.

Le Commandant d'armes,

INDICATIONS SPÉCIALES.

Anciens militaires traités en exécution de la loi du 12 juillet 1873, et militaires pensionnés ou réformés.

(A remplir par le Commandant d'armes.)

Domicilié à ————————, canton d ————————

dépt d ————————, titulaire d'une pension de retraite

de ———————— sous le n° ————————

ou

d'un traitement de réforme de ————————

ou

d'une gratification de réforme de ————————

CASES DESTINÉES A L'APPOSITION DU TIMBRE HUMIDE INDIQUANT	
LA DATE DE L'**ENTRÉE.**	LA DATE DE LA **SORTIE.**
N°.......... d'enregistrement à l'hôpital.	
N°.......... d'enregistrement à l'hôpital.	
N°.......... d'enregistrement à l'hôpital.	
N°.......... d'enregistrement à l'hôpital.	
N°.......... d'enregistrement à l'hôpital.	

OBSERVATIONS DU MÉDECIN TRAITANT AU MOMENT DE LA SORTIE (Diagnostic, traitement, etc.).	SIGNATURE du MÉDECIN TRAITANT et date de la sortie.

• CORPS D'ARMÉE
ou
GOUVERNEMENT
MILITAIRE
d

• TRIMESTRE 19 .

EFFECTIF : hommes.

(1) Médicaments, matériel, etc.

SERVICE DE SANTÉ.

Corps. {

MODÈLE N° 18.

Articles 11 et 76
du Règlement
du 25 novembre 1889.

Format : 26 sur 18.

DEMANDE DES QUANTITÉS DE (1) *nécessaires pour le service de l'infirmerie régimentaire.*

NUMÉROS de la classification.		DÉNOMINATIONS.	UNITÉ RÉGLEMENTAIRE.	QUANTITÉS			PRIX D'ACHAT sur place.	QUANTITÉS		OBSERVATIONS.
Sommaire.	Détaillée.			nécessaires.	existantes.	demandées.		expédiées.	à acheter sur place.	

NUMÉROS de la classification.		DÉNOMINATIONS.	UNITÉ RÉGLEMENTAIRE.	QUANTITÉS			PRIX D'ACHAT sur place.	QUANTITÉS		OBSERVATIONS.
Sommaire.	Détaillée.			nécessaires.	existantes.	demandées.		expédiées.	à acheter sur place.	

A , le 19. .

Le Médecin-major, chef de service,

Vu et vérifié :

Pour
le Conseil d'administration :

Le Major délégué.

Vu bon à délivrer par

A , le 19 . .

Le Directeur du service de Santé,

Pièces imprimées relatives au service médical.

Dans les renseignements que nous donnons sur l'organisation d'une caisse de comptabilité, nous parlons :

1° Des *bulletins d'hôpital;*

2° Des *demandes de médicaments.*

Nous donnons un spécimen de chacun de ces imprimés, afin que nos lecteurs se familiarisent avec leur contexture.

Les indications imprimées suffisent largement pour guider le lecteur qui aurait pareils bulletins à établir ou à faire établir.

NEUVIÈME PARTIE.

CONSTITUTION ET DISSOLUTION D'UNE UNITÉ AUTOMOBILE.

1° Formalités officielles de formation d'une unité automobile.

A) Du fait qu'une section automobile *comprendra un certain personnel* qui aura droit à toutes les perceptions et allocations réglementaires, il faut d'abord constater *officiellement que ce personnel existe.*

B) Du fait qu'une section automobile comprendra *un certain matériel de première dotation, l'existence et la prise en charge de ce matériel* devront également faire l'objet d'une constatation officielle.

C) La *naissance administrative* d'une formation automobile, si l'on peut s'exprimer ainsi, doit comprendre un élément primordial *qui est le point de départ de toutes pièces comptables faites au nom de la nouvelle unité :* nous voulons parler de la *date exacte à partir de laquelle les droits pourront être perçus.*

Donc, de tout ce que nous venons de dire, le lecteur retiendra d'abord ce point très important de la formation d'une unité : « *La détermination de la date exacte de son existence en tant que formation administrative* ».

PROCÈS-VERBAL.

Les formalités sont consignées sur un *procès-verbal* dit « *de formation* ». Les témoins officiels de la naissance de la section automobile, qui signeront le procès-verbal, seront :

1° *Un officier supérieur* de l'escadron du train de rattachement (par exemple, si l'unité automobile dépend du 20e escadron du train, il s'agira d'un officier supérieur de cet escadron);

2° Le *sous-intendant* de ce corps de rattachement;

3° L'*officier commandant*, qui est responsable, *administrativement parlant*, de son unité.

CE QUE DOIT INDIQUER UN PROCÈS-VERBAL DE FORMATION.

Le *procès-verbal de formation* indique d'abord la chose principale sur laquelle nous avons porté l'attention du lecteur, c'est-à-dire *la date à laquelle l'officier pourra percevoir la solde et les allocations diverses constituant les droits de son unité.*

Il portera ensuite mention de la revue du personnel qui la compose.

Cette « *revue d'effectif* » est, en un mot, la constatation officielle, devant témoins, de l'*existence matérielle du personnel.*

L'officier supérieur qui est attaché à un parc automobile d'organisation passera cette revue.

Le *contrôle nominatif* (porté au procès-verbal), qui est la base de la revue d'effectif, comprend tous les éléments de la section : officiers, gradés et conducteurs.

Le montant des sommes avancées à l'officier sera également mentionné.

De plus, cette formalité de formation comportera *une revue du matériel roulant pris en charge* par l'officier commandant. Ce matériel fera l'objet d'un contrôle spécial avec tous renseignements permettant d'identifier ce qui constitue la première dotation de l'unité automobile.

Donc, les points principaux qu'il faut retenir dans les procès-verbaux de formation sont les suivants :

1° *Une date primordiale* (origine des perceptions).

2° *Les formalités de prise en charge :* a) *de personnel;* b) *d'avance de fonds;* c) *de matériel.*

3° Le tout devant des témoins officiels d'une part et l'officier commandant d'autre part.

Nous donnons un exemple de procès-verbal de formation d'unité automobile. Il suffit de le lire pour en concevoir le mécanisme.

20e ESCADRON
du
TRAIN DES ÉQUIPAGES.

SECTION AUTOMOBILE
R. V. F., B. 342.

Formation des Sections automobiles.

RÉDACTION
D'UN
PROCÈS-VERBAL DE FORMATION

NOTA. — Ce spécimen, dont il peut y avoir plusieurs variantes, n'est donné que pour l'etude de son principe.

L'an mil neuf cent quatorze,

Et le onze octobre,

Nous, DUMONT, adjoint à l'intendance de X*** ;

Vu l'article 1er du décret du 20 mars 1906, portant règlement sur l'administration et la comptabilité des corps de troupe, et l'article 1er de l'instruction pour l'application dudit décret ;

Vu les instructions de en date du 1er juillet 1916, prescrivant la formation de la Section R. V. F., B. 342 constituée au titre du 20e escadron du train des équipages ;

Nous avons procédé, en présence de M... (*ici, nom et grade de l'officier supérieur présent*) aux diverses opérations constatant cette formation et avons relaté les résultats au présent procès-verbal.

(*La suite au dos*).

A. — **Revue d'effectif (numérique).**

(Mettre ici le nombre d'officiers et hommes dont la présence a été constatée par la revue d'effectif.)

Exemple :

Etaient présents à la revue { 1 officier.
26 hommes (y compris les gradés).

B. — **Contrôle nominatif (officiers).**

(Ici mettre un tableau dont voici l'en-tête.)

NOMS.	GRADES.	ORIGINES.	PRÉSENTS	ABSENTS.
Dubois Léon..............	Lieutenant.	Venant du parc de réserve automobile Z...	1	0

C. — **Détail de l'effectif en gradés et hommes.**

(Ici mettre un tableau dont voici l'en-tête.)

GRADES.	PRÉSENTS.	ABSENTS.	ORIGINE.
Maréchaux des logis.......	2	0	19e escadron du train
Brigadiers..............	2	0	
Conducteurs	20		
Ouvriers..................	2	0	

D. — **Matériel de 1re dotation.**

Voiture de tourisme...................... 1
Autobus.................................. 9
Voiture atelier.......................... 1
Motocyclette............................. 1

E. — **Date d'entrée en jouissance des diverses allocations.**

La section R. V. F., B. 342 entrera en jouissance des diverses allocations qui lui sont attribuées par les lois et règlements à partir du 11 octobre 1914.

F. — **Avances de fonds.**

La R. V. F., B. 342 recevra une avance de 203 fr. 15, pour la solde et la prime fixe d'alimentation qui sera remise ce jour à l'officier commandant, par le trésorier du 20e escadron du train des équipages.

Fait et clos les mêmes jour, an et mois que ci-dessus le présent procès-verbal que M... (*ici le nom et le grade de l'officier supérieur ayant présidé à la formation de l'unité nouvelle*) et M. le lieutenant Dubois, commandant la R. V. F., B. 342, ont signé avec nous.

L'Officier supérieur (ou son délégué),
X....

Le lieutenant Dubois, commandant la R. V. F., B. 342,
L. Dubois.

L'Adjoint de l'Intendance,
Dumont.

20e ESCADRON
du
TRAIN DES ÉQUIPAGES.

SECTION AUTOMOBILE
R. V. F., B. 342.

Dissolution des Sections automobiles.

RÉDACTION
D'UN
PROCÈS-VERBAL DE DISSOLUTION
DE SECTION AUTOMOBILE.

NOTA. — Les spécimens d'un pareil procès-verbal peuvent varier quant à la forme, mais pas quant au principe de la rédaction que seul il importe de comprendre.

L'an mil neuf cent dix sept,

Et le premier août,

Nous, DAVEREAU Henri, adjoint à l'intendance employé à la sous-intendance militaire de Z***;

Vu l'article 1er du décret du 20 mars 1906, portant règlement sur l'administration et la comptabilité des corps de troupe, et l'article 1er de l'instruction pour l'application dudit décret;

Vu l'ordre no 5267 de M... (*ici, grade, nom et fonction de l'officier général d'où émanent les instructions ayant provoqué la dissolution*) en date du 25 *juillet* 1917, prescrivant la dissolution de la Section R. V. F., B. 342, du 20e escadron du train des équipages, nous avons procédé, en présence de M... (*ici, le nom et le grade de l'officier supérieur ou de son délégué désigné pour assister aux formalités de la dissolution*) aux diverses opérations constatant la dissolution.

A. — Revue d'effectif (résultats numériques).

Étaient présents à la revue d'effectif { Officier............. 1 ; Hommes de troupe. 26 }

(A titre de renseignement pour les débutants : la rubrique « hommes de troupe » doit se lire : « gradés compris »; au fond, l'expression « hommes de troupe » est courante dans cette acception générale).

B. — Contrôle nominatif des officiers.

(D'une façon générale, on pourra présenter ce contrôle sous forme de tableau dont voici l'en-tête.)

NOMS.	GRADES.	DESTINATION DONNÉE.	PRÉSENTS	ABSENTS.
DUBOIS (Léon)............	Lieutenant.	Section T. M. 960.	1	0

C. — Contrôle numérique, par grade, des hommes de troupe.

GRADES.	PRÉSENTS	ABSENTS.	DESTINATION DONNÉE.
Maréchaux des logis........	2	0	Section de triage personnel, n° 210.
Brigadiers..................	2	0	Id.
Ouvriers.....................	2	0	(Section de parc, n° 415, parc de réserve automobile K.)
Conducteurs................	20	0	Section de triage personnel, n° 210)

Soit pour l'ensemble de l'unité un effectif de :
1 officier (dont 1 présent, 0 absent);
26 hommes de troupe (dont 26 présents; 0 absent).

D. — Destination des existants en magasin.

Les existants en magasin : habillement, équipement, campement, etc.., seront versés au magasin du 20e escadron du train des équipages.

E. — Etat de la caisse et destination des fonds.

La caisse du détachement, au 1er août 1917, jour de la dissolution, présentait un solde créditeur de huit cent quatre-vingt-quatorze francs et quinze centimes, représenté par :

En numéraire.................................... 594 fr. 15
En pièces de dépenses non inscrites............. 300 fr. 00

L'encaisse, après remboursement des mandats établis par la sous-intendance, pour les dépenses en cours et les trimestres précédents, sera versé au trésorier du 20e escadron du train des équipages militaires, par les soins du lieutenant Dubois qui commande la R. V. F., B. 342 jusqu'à ce jour.

F. — Date de cessation des droits aux allocations de toute nature.

Les hommes de troupe ont été alignés en solde jusqu'au 31 juillet 1917 inclusivement, toutes allocations ou prestations cesseront d'être allouées le 1er août 1917 inclusivement.

G. — État de la caisse de l'ordinaire et destination des fonds y afférents.

Le boni de l'ordinaire de l'unité s'élève à la somme de cent trente-cinq francs quarante centimes.

Cette somme sera versée au trésorier du 20e escadron du train des équipages par les soins de M. le lieutenant Dubois.

H. — Destination du matériel roulant.

Le matériel roulant de la section sera versé à la section de triage matériel T. M. 951 du centre d'organisation de Z...

J. — Reddition des comptes et destination des archives.

En exécution des ordres reçus de M... (*ici : grade, nom et fonction de l'officier général ayant prescrit la dissolution*), M. le lieutenant Dubois sera chargé de la reddition des comptes.

Les archives seront versées au 20e escadron du train des équipages militaires.

Fait et clos les mêmes jour, mois et an que ci-dessus le présent procès-verbal que M. le capitaine X..., commandant le centre d'organisation de Z.., et M. le lieutenant Dubois, chargé de la reddition des comptes, ont signé avec nous, après lecture.

Le Commandant du parc d'organisation de Z.,
X..,

Le Lieutenant chargé de la reddition des comptes,
L. Dubois.

L'Adjoint à l'Intendance,
Henri Davereau.

2° Formalités officielles de dissolution d'une unité automobile.

La *dissolution* d'une section automobile est un *acte symétrique de sa formation.*

Cette opération officielle fait l'objet d'un procès-verbal (voir le spécimen).

CE QUE DOIT CONTENIR UN PROCÈS-VERBAL DE DISSOLUTION.

En plus des *états nominatifs* des officiers, gradés et hommes constituant l'effectif de l'unité automobile au moment de sa dissolution, le procès-verbal *indique la date exacte à laquelle l'unité n'aura plus droit aux allocations et prestations diverses qui lui revenaient jusqu'à ce jour.*

Il mentionne également où seront versées les matières en magasin et où seront mutés le personnel et le matériel devenus disponibles, ainsi que la reddition des comptes des fonds en caisse (caisse principale et ordinaire).

Le procès-verbal indique, de plus, où l'officier commandant devra reverser les archives de la section et les sommes constituant le reliquat de sa gestion.

DIXIÈME PARTIE.

TABLEAU RÉSUMANT LES PRINCIPAUX ACTES DE GESTION ET LA DÉDUCTION DES ÉCRITURES A TENIR POUR L'ADMINISTRATION D'UNE FORMATION AUTOMOBILE.

Nos lecteurs trouveront dans la dixième partie le tableau en question qui, comme son nom l'indique, est destiné à résumer les parties principales de cet ouvrage.

Pour les personnes qui désirent passer un examen d'administration, il sera, nous l'espérons, du plus grand secours.

Tableau résumant les principaux actes de gestion et la déduction des écritures à tenir pour l'administration d'une formation automobile.

ACTES PRINCIPAUX DE GESTION.	NÉCESSITÉ DÉDUITE DE TENIR CERTAINES PIÈCES COMPTABLES.	PIÈCES COMPTABLES ET REGISTRES CORRESPONDANTS. Leur périodicité.	ENREGISTREMENT destiné AUX ARCHIVES DU CORPS de rattachement.
Compter le personnel. L'officier étant responsable de ses hommes doit en *connaître le nombre exact* et faire tenir toutes écritures *relatives aux mutations.*	On déduit du fait de responsabilité due au personnel la tenue des *contrôles nominatifs* (constamment à jour).	Les « contrôles nominatifs » sont portés sur le Carnet de comptabilité en campagne (par périodes de trois mois).	Chapitres IV et V du Carnet de comptabilité en campagne (*trimestriel*).
Établir les droits du personnel, puis *justifier ces droits et leurs variations* issues des mutations.	Afin d'établir les droits du personnel et ensuite *de pouvoir les justifier par le nombre journalier des présents,* on arrive à la tenue de la *situation administrative* journalière (total des présents et mutations).	La situation administrative *est quotidienne.* (*En fin de trimestre,* toutes les situations administratives sont renvoyées au bureau spécial de comptabilité.)	Les situations administratives journalières sont enregistrées dans le chapitre III du Carnet de comptabilité en campagne(*trimestriel*).
Nourrir le personnel. Pour cela, pouvoir toucher toutes allocations afférentes à l'ordinaire et faire les *achats chez les fournisseurs avec le total des primes fixes d'alimentation.*	D'où nécessité d'établir des *bons de distribution.* *Tenir compte exact* des *rations touchées* pour éviter les « trop-perçus ». Nécessité de *tenir le cahier d'ordinaire* pour noter les recettes et les dépenses de ce service.	Carnet à souche des bons de distribution. Ouvrir un carnet dit du genre du « Carnet du fourrier », où seront marquées les rations *dues* et *touchées* par quinzaine (par exemple). *Carnet d'ordinaire en campagne.* (Il est trimestriel.) *Situations d'effectif* à tenir afin de prévenir l'intendance sur le nombre des rationnaires.	Les perceptions à titre gratuit sont enregistrées dans le chapitre VII du Carnet de comptabilité en campagne (*trimestriel*).
Payer le personnel, donc *percevoir les sommes nécessaires* pour la solde et les accessoires de solde	D'où *nécessité d'établir des états de solde* qui constituent les demandes de fonds. Les *États de solde* ne peuvent être « touchés » que s'ils sont ordonnancés par l'intendance.	*États de solde* (troupe) (le 10 et le 25 de chaque mois). *États de solde* (officiers) (le 25 de chaque mois). *Ordonnancement* fait par l'intendance, entre les 10 et 15 et le 25 et le 30/31 de chaque mois.	*L'enregistrement* des *sommes* touchées et des sommes dépensées (dépenses d'ordinaire mises à part) *se fait sur le registre-journal des recettes et dépenses* (*annuel*).
Payer le personnel, donc percevoir les sommes nécessaires pour la solde et les accessoires de solde (*suite*).	*Le livret de solde* indique les sommes perçues par l'officier au titre de sa section. *Les émargements* (feuille d'émargement et carnet de prêt) *indiquent l'arrivée des fonds à destination.*	Perception des fonds chez le trésorier-payeur. (*Carnet de solde.*) *Feuille de prêt* (justifiant la somme payée pour le prêt les 1er et 16 de chaque mois). *Carnet de prêt* (indiquant l'arrivée des fonds à destination). *Feuille d'émargement* (indiquant l'arrivée des fonds à destination).	On y enregistre la somme payée pour le payement des officiers et les feuilles de prêt, etc. *Les feuilles de prêt* sont également *enregistrées au chapitre VII du Carnet de comptabilité.*
Loger le personnel et assurer son *couchage.*	D'où la nécessité d'établir des « *états numériques* » pour le payement des frais de cantonnement et *des bons de distribution* pour la *paille de couchage.*	« *États numériques* » ou états de cantonnement *à fournir à la mairie* tous les mois ou le jour du départ de l'unité. *États des lieux* à établir à l'arrivée (dégâts).	*Enregistrement des cantonnements* et du temps de séjour au *chapitre I du Carnet de comptabilité en campagne* et enregistrement au chapitre VII des *perceptions de paille* de couchage.
Habiller, équiper et armer le personnel. Le pourvoir de *munitions.*	Toutes ces matières *sont prises en charge* d'une façon générale par l'officier commandant et en particulier par chaque homme pour les effets, armes, etc., qui le concernent. D'où comptabilité à tenir.	Inscriptions sur la *fiche d'habillement* (double exemplaire). Établir un *bulletin de passage* en cas de mutations. *Bons de distribution* pour toucher. *Inscriptions au Carnet de comptabilité en campagne.*	L'enregistrement de tout ce qui concerne l'habillement, l'équipement, l'armement et les munitions se fait *au chapitre IX du Carnet de comptabilité en campagne.*
Tenir un compte exact du *matériel roulant.*	*Le matériel roulant* étant pris en charge par l'officier commandant, une *comptabilité l'inventoriant s'impose.*	Inscription du *contrôle du matériel* au chapitre VI du Carnet de comptabilité en campagne. Tenue d'un cahier de matériel roulant.	Enregistrement sur le *Carnet de comptabilité en campagne, chapitre VI.*
Fournir les pièces comptables périodiques trimestrielles.	*Le bureau spécial de comptabilité de l'escadron du train de rattachement* de la section doit *être tenu trimestriellement au courant de la gestion des unités automobiles* (pour rendre compte au titre de l'Intérieur).	D'où la nécessité des envois des pièces comptables suivantes : 1° *Extrait trimestriel* des recettes et dépenses (avec toutes pièces justificatives à l'appui); 2° *Carnet de comptabilité en campagne;* 3° *Carnet d'ordinaire en campagne.*	On peut enregistrer cet envoi trimestriel en conservant sur un carnet le double des « *bordereaux d'envoi* » de ces pièces.

ANNEXE.

Notes administratives concernant l'armée d'Orient. (Formations automobiles.)

Nous avons été amené à donner quelques renseignements qui nous semblent utiles au point de vue de l'établissement des états de solde et de la feuille de prêt des unités administratives de l'armée d'Orient.

Bien que l'administration d'une telle formation automobile ne diffère pas de celle de cette unité en France, il intervient cependant la *question de change*, ainsi que la question des indemnités spéciales, dont il faut tenir compte.

Ceux de nos camarades qui seront affectés à l'armée d'Orient pourront ainsi trouver un guide pour leur future comptabilité. Nous estimons, en effet, qu'il y a certains points qui ne s'improvisent pas.

La solde est identique à la solde perçue en France; seules les indemnités diffèrent. Leur taux a été fixé par le décret du 8 février 1917, portant attribution d'une indemnité de cherté de vie au personnel militaire employé en Orient. (*J. O.* du 19 février 1917.)

L'indemnité d'entrée en campagne est majorée de 50 p. 100.

On a continué à appliquer le décret ministériel du 20 mars 1917 remplaçant les prestations en nature par des allocations en deniers.

Les résultats obtenus sont excellents à tous les points de vue :

1° Meilleure alimentation;

2° Plus grande économie.

Les exemples que nous avons fait établir fixeront les idées sur certains points de détail et notamment en ce qui concerne le change précité.

1° Exemple d'établissement d'un état de solde (officiers et sous-officiers à solde mensuelle).

(Voir exemple rédigé A.)

Nous supposerons qu'il s'agit d'une section sanitaire (S. S.) commandée par un sous-lieutenant (M. Pierre) ayant six ans de service, et que cette unité comprend un sous-officier à solde mensuelle.

COLONNE (*a*).

Dans la colonne marquée (*a*) se trouve le décompte de la « *prime d'alimentation* » qui est, en un mot, la prime de remplacement dont il a été question plus haut.

Comme l'officier a droit à une ration et demie, en se basant sur 2 fr. 59 (1) comme prime d'alimentation, on trouve donc :

2 fr. 59+1 fr. 295=3 fr. 885,

décomptée par journée.

COLONNE (*b*).

Dans la colonne marquée (*b*) se trouve calculée la prime d'alimentation d'un sous-officier à solde mensuelle.

Cette indemnité est de 2 fr. 52 (1), dont il faut déduire la prime fixe d'alimentation, qui est de 0 fr. 26 (1), que le sous-officier doit verser sur sa solde s'il vit à l'ordinaire.

La prime qui lui reste à toucher est de :

2 fr. 52 — 0 fr. 26=2 fr. 26.

Cette somme est décomptée *par jour*, alors que toutes les autres indemnités sont décomptées par mois de 30 jours (même pour les mois de 31 jours).

Nota à observer pour ne point faire d'erreur au début. — « Aucun change n'est perçu pour les officiers et sous-officiers à solde mensuelle, tandis qu'il en est perçu pour les sous-officiers à solde journalière. » (Voir exemple C.)

---

(1) Cette prime est sujette à des variations; s'informer à l'intendance de sa valeur exacte avant d'établir l'état de solde, dont le principe reste invariable.

Unités automobiles de l'armée d'Orient : Exemple A.

° CORPS D'ARMÉE. — DÉPARTEMENT — PLACE de *K*.... — ARMÉE D'*ORIENT*. — ° CORPS. — DIVISION. — ° BRIGADE	EXERCICE 191 . 1re SECTION. — TROUPES MÉTROPOLITAINES. CHAPITRE *VII*. — ARTICLE 1er DU BUDGET. **SERVICE DE LA SOLDE** d (1) *e l'Armée.*	MODÈLE n° 9 *a*. — Art. 24 du Règlement sur la solde et les revues. Modifié 14 mai 1916. Format : 0m,36 sur 0m,23.

Désigner le corps.	*Convois Automobiles* *15e Escadron du Train.*
Indiquer s'il s'agit du corps entier, du dépôt ou d'un détachement.	*Section Sanitaire 475.*
S'il s'agit d'un détachement, porter le nom et le grade du commandant.	*M. PIERRE, Sous-Lieutenant, Commandant.*
Indiquer si le corps est en station et dans quelle place ou, s'il est en route, indiquer le lieu du départ et celui de sa destination.	*En station à K.....*

OLDE ET INDEMNITÉS os officiers, massos, etc.

—

Mois de *novembre* 1917.

—

QUITTANCE.

Acquit imputable sur la ...ue du 4e trimestre 1917 r (2) *l'armée.*

(1) Indiquer le titre de l'article du budget.
(2) L'intérieur ou l'armée.

ÉTAT pour servir au payement de la solde des officiers et des sous-officiers à solde mensuelle, ainsi que des différentes indemnités, etc., payables comme la solde, pendant le mois de novembre 1917.

NUMÉROS des bataillons.	NUMÉROS des compagnies, escadrons ou batteries.	NOMS et PRÉNOMS.	GRADES et EMPLOIS.	CLASSES.	MUTATIONS et MOUVEMENTS	NOMBRE de JOURNÉES de présence.	NOMBRE de JOURNÉES d'absence.	MONTANT DU DÉCOMPTE EN DENIERS (SOLDE).	NOMBRE DE JOURNÉES D'INDEMNITÉ pour frais de service.	pour frais de bureau.	pour cherté de vie. *Indemnité pour l'Orient à 3 fr. 50.*	pour cherté de vie. *Prime d'alimentation 2,59 + 1,295 = 3,885.*	pour cherté de vie. *Allocation supplément. pour l'armée à 2 fr.*	de monture. *Indemnité pour l'Orient à 1 fr. 40.*	de monture. *Indemnité pour l'armée à 1 fr.*	*Prime d'alimentation à 2 fr. 26.*		MONTANT DU DÉCOMPTE EN DENIERS (INDEMNITÉS).	TOTAL DU DÉCOMPTE EN DENIERS.
		6 ans de service.										*a*				*b*		fr. c.	fr. c.
		M. Pierre (Henri).	*S.-Lieut. Commt.*		*Sans mutation.*	30	»	270	»	30	30	30	30	»	»	»		301 05	571 05
		Paul (Alfred).	*Maréchal des logis.*	1897	*Sans mutation.*	30,	»	126	»	»	»	»	»	30	30	30		139 80	265 80
		A reporter............																440 85	836 85

NUMÉROS des bataillons.	NUMÉROS des compagnies, escadrons ou batteries.	NOMS et PRÉNOMS.	GRADES et EMPLOIS.	CLASSES.	MUTATIONS et MOUVEMENTS.	NOMBRE de JOURNÉES de présence.	NOMBRE de JOURNÉES d'absence.	MONTANT DU DÉCOMPTE EN DENIERS (SOLDE).	NOMBRE DE JOURNÉES D'INDEMNITÉ pour frais de service.	pour frais de bureau.	pour cherté de vie. N°	pour cherté de vie. N°	pour cherté de vie. N°	de monture à	de monture à			MONTANT DU DÉCOMPTE EN DENIERS (INDEMNITÉS). (a)	TOTAL DU DÉCOMPTE EN DENIERS. (a)
																		fr. c.	fr. c.
		Report																440 85	836 85
		A reporter																440 85	836 85

(*a*) Colonne à remplir pour les officiers seulement.

RÉCAPITULATION DES JOURNÉES ET DÉCOMPTE EN DENIERS.

	DÉSIGNATION DES GRADES.		NOMBRE de JOURNÉES de solde — de présence.	NOMBRE de JOURNÉES de solde — d'absence.	DÉCOMPTE EN DENIERS des journées de solde — de présence.	DÉCOMPTE EN DENIERS des journées de solde — d'absence.	TOTAL du DÉCOMPTE en deniers.
SOLDE.	Colonel.						
	Lieutenant-colonel.						
	Chefs de bataillon, d'escadron et médecin-major de 1re classe.						
	Médecin-major de 2e classe.						
	Médecins aides-majors	de 1re classe.					
		de 2e classe.					
	Vétérinaire en						
	Aide-vétérinaire.						
	Capitaines	après 12 ans dans le grade					
		après 8 ans dans le grade					
		après 4 ans dans le grade					
		avant 4 ans dans le grade					
	Lieutenants et assimilés	après 8 ans de grade et 20 ans de service.					
		après 8 ans de grade					
		après 4 ans de grade					
		avant 4 ans de grade					
	Sous-lieuten. et assimilés	après 6 ans de service.	30		270 00		270 00
		avant 6 ans de service.					
	SOLDE nette servant de base à la retenue de 5 p. 100.				270 00		270 00
	SOLDE des sous-officiers à solde mensuelle				265 80		(1)265 80

			Nombre		Taux		Total
INDEMNITÉS	pour frais de service			journées à			
	pour frais de bureau.	Major.		journées à			
		Trésorier.		journées à			
		Officier d'habillement.		journées à			
		Commandant de détachement.	30	journées à	0 fr. 65		19 50
		Secrétaire de la commission des ordinaires.		journées à			
		Médecin chef de service. Infirmerie.		journées à			
	Indemnité de cherté de vie pour l'Orient.		30	journées à	3 fr. 50		105 00
	Prime d'alimentation à 2,50 + 1,295 = 3,885.		30	journées à	3 fr. 885		116 55
				journées à			
	(3) *Allocation supplémentaire pour l'armée à 2 fr.*		30	journées à	2 fr.		60 00
				journées à			
				journées à			
	(3)			journées à			
				journées à			
	de monture			journées à			
				journées à			
	pour changement d'uniforme			journées à			
				journées à			
	pr pertes	de chevaux par suite de causes extraordinaires.					
		d'effets par suite de causes extraordinaires.					
		de chevaux aux officiers qui ont eu des chevaux tués à l'ennemi.	Nombre de chevaux (2).				
		d'effets aux officiers rentrés de captivité.					
	de première mise de harnachement aux officiers passant une première fois d'une position non montée à une position montée.		Nombre	à			
	de première mise d'équipement aux sous-officiers promus officiers.	Indemnités.	Nombre	à			
		Supplément d'indemnité	Nombre	à			
	de première mise d'équipement aux sous-officiers nommés adjudants et aux militaires nommés à certains emplois.		Nombre	à			
	d'entrée en campagne.	Colonel.					
		Lieutenant-colonel.					
		Chefs de bataillon, d'escadron et major.					
		Capitaines					
		Officiers payeurs et officiers d'approvisionnement.					
		Lieutenants et sous-lieutenants.					
		Médecin-major de • classe.					
		Médecin aide-major de • classe.					
		Chefs armuriers.					
		Adjudants.					
	aux enfants de troupe laissés dans leur famille.						

Allocations spéciales aux milit. engag., rengagés ou commission.		NOMS.	GRADES.	Prime d'engagement et de rengagement.	Part de prime d'engag. et de rengagement.	TOTAUX.
	Allocations saisissables en vertu d'oppositions juridiques.					
	Allocations non saisissables.	Indemnité de logement				

(1) Cette somme sera toujours égale au total des décomptes individuels d'autre part. — (2) Désigner le grade. — (3) Pour cherté de vie ou aux troupes en marche.

A reporter 301 05

		TOTAL du DÉCOMPTE en deniers.
	Report...........	301 05
MASSES { individuelle : prime journalière............	journées à ci........	
MASSES { d'entretien du harnachement et ferrage.....	journées à ci........	
	journées à ci........	
— {	....	
	....	
	....	
MASSE des écoles........................		
	TOTAL........................	301 05
REPORT de la solde nette servant de base à la retenue de 5 p. 100..........		270 00
REPORT de la solde due aux sous-officiers recevant la solde mensuelle........		265 80
	TOTAL........................	836 85
A DÉDUIRE pour les officiers qui reçoivent le logement en nature..............		
	....	
	RESTE à ordonnancer..................	836 85

(1) Trésorier ou officier commandant quand il s'agit d'une portion de corps non pourvue de conseil; dans ce cas, on indique le nom de l'officier signataire.

(2) Cet état ne pourra être valablement arrêté que par un fonctionnaire de l'intendance militaire, sauf les exceptions prévues par l'article 22 du règlement sur la solde et les revues.

Le signataire inscrira lisiblement son nom et son grade.

CERTIFIÉ par nous (1), *sous-lieutenant Pierre, commandant la S. S. 475*, le présent état, montant à la somme de *huit cent trente-six francs quatre-vingt-cinq centimes* pour solde des officiers et sous-officiers à solde mensuelle et les autres causes y énoncées.

Aux armées, le 25 *novembre* 1917.

VÉRIFIÉ : *Le Major*, *Le Trésorier*,

		Solde nette après la retenue de 5 p. 100.	Sommes non passibles de la retenue de 5 p. 100.
AUGMENTATIONS PAR SUITE : 1° Des décomptes de libération des revues ; 2° De la rectification des revues ; 3° Des ordres particuliers du Ministre. NOTA. — On devra détailler chaque article des augmentations.	Vu et VÉRIFIÉ par nous (2) employé à , le présent état montant à.....		
	TOTAUX...........		
DIMINUTIONS PAR SUITE : 1° Des décomptes de libération des revues ; 2° De la rectification des revues ; 3° Des ordres particuliers du Ministre. NOTA. — On devra détailler chaque article des diminutions.			
	RÉSULTAT modifié par ces rectifications.....		
	A DÉDUIRE au profit du Trésor pour (3)............		
	RESTE...........		
	TOTAL à ordonnancer.......		

(3) Expliquer les motifs des retenues; indiquer le nom et le grade des officiers qui en sont passibles et relater les décisions qui les auront ordonnées.

Montant des sous-délégations de crédit cumulées.

Dernier crédit. { Numéro / Date

—

N°
du registre des mandats.

—

Nous arrêtons en conséquence le présent état à la somme de que nous mandons à M. , trésorier-payeur général du département d , de payer à M. , pour solde et indemnités à MM. les officiers et sous-officiers à solde mensuelle pendant le mois d 191 et pour les autres causes ci-dessus énoncées.

A , le 191 .

Pour tout complément de renseignements, voir l'état de solde (officiers) établi pour l'armée métropolitaine (unités automobiles).

QUITTANCE.

Nous soussigné (1) , reconnaissons avoir reçu de M. trésorier-payeur général, la somme de portée au présent mandat.

A , le 191 .

L'Officier d'habillement, *Le Trésorier*, *Le Capitaine*, *Le Major*, *Le Président*,

• CORPS D'ARMÉE.

DÉPARTEMENT

PLACE DE K....

ARMÉE D'ORIENT.

• CORPS.

• DIVISION. — • BRIGADE.

SOLDE ET ACCESSOIRES DE SOLDE des sous-officiers et soldats.

• Quinzaine de *déc.* 1917.

QUITTANCE

Acquit imputable sur la revue du 4e trimestre 1917 pour (2) *l'armée.*

(1) Indiquer le titre de l'article du budget.
(2) L'intérieur ou l'armée.
(3) Tenir compte également, dans ce paragraphe, des augmentations importantes prévues.
(4) Tenir compte également, dans ce paragraphe, des diminutions importantes prévues.
(5) Indiquer les différents grades, suivant l'arme.

Unités automobiles de l'armée d'Orient :
Exemple B.

EXERCICE 1917.

CHAPITRE *VII*, ARTICLE *I* DU BUDGET.

MODÈLE N° 10.

Art. 24 du Règlement sur la solde et les revues.

(6) Date de l'établissement de l'état de solde.
(7) Porter, dans ces colonnes, les primes ou indemnités dont le taux varie avec le grade.
(8) Porter ici les primes ou indemnités dont le taux est commun à tous les grades.
(9) Motifs.

Format : 0m,36 sur 0m,23.

SERVICE DE LA SOLDE DE l' (1) *Armée.*

Désigner le corps.	*Convois Automobiles* *15e Escadron du train.*
Indiquer s'il s'agit du corps entier, du dépôt ou d'un détachement.	*Section Sanitaire 475.*
S'il s'agit d'un détachement, porter le nom et le grade du commandant.	*M. PIERRE, S.-Lieuten., Commandant.*
Indiquer si le corps est en station, et dans quelle place ; ou, s'il est en route, indiquer le lieu de départ et celui de l'arrivée.	*En station à K.....*

ÉTAT présentant la somme nécessaire pour assurer le payement de la solde journalière, des hautes payes, des primes pour l'alimentation et des indemnités aux sous-officiers, caporaux ou brigadiers et soldats pendant la 1re quinzaine du mois de décembre 1917.

GRADES.		NOMBRE d'hommes présents le (6)	NOMBRE de jours.	DÉCOMPTE en deniers de la solde de présence et des primes.	(7) *A 1 fr. 20 pour sous-officier. Indemnité p^r l'Orient.* Nombre de jours.	Décompte en deniers.	(7) *A 0 fr. 75 p^r s-officier. Allocation supplément^re pour armées.* Nombre de jours	Décompte en deniers.	(7) Nombre de jours.	Décompte en deniers.	TOTAL GÉNÉRAL des décomptes en deniers.
				fr. c.		fr. c.		fr. c.			fr. c.
Militaires à solde journalière.	(5) *Maréchal des logis*	1	15	13 80	15	18 00	15	11 25	»	»	43 05
	Brigadiers	2	30	18 60	»	»	»	»	»	»	18 60
	Conducteurs de 2e classe	28	420	168 00	»	»	»	»	»	»	168 00
Primes ou indemnités (a).	(8) *Maréchal des logis*	1	15	37 80							
	Brigadiers	2	30	75 60							
	Conducteurs (*Prime d'alimentation à 2 fr. 52.*)	28	420	1.058 40							1.171 80
Hautes payes.	Sous-officiers. à *1 fr.* / à / à	1	15	15 00							
	Brigadiers ou caporaux. à *0 fr. 60.* / à / à	2	30	18 00							72 00
	Soldats. à *0 fr. 20.* / à / à	13	195	39 00							
	TOTAL										1,473 45
AUGMENTATIONS (b)	Moins-perçu dans la quinzaine précédente (9)										50 00
	(3) *Majoration pour perte au change*										
	ENSEMBLE										1,523 45
DIMINUTIONS	Trop-perçu dans la quinzaine précédente (9)										»
	(4)										
	RESTE										1,523 45
	Vivres remboursables du au										
	A percevoir										1,523 45
	SOMME ARRONDIE en dizaines de francs										1,520 00

(1) Trésorier ou officier commandant, quand il s'agit d'une portion de corps non pourvue de conseil. Dans ce cas, on indique le nom de l'officier signataire.

(2) Cet état ne pourra être arrêté que par un fonctionnaire de l'intendance militaire, sauf les exceptions prévues par l'article 22 du Règlement sur la solde et les revues.

Le signataire inscrira lisiblement son nom et son grade.

(3) Cette somme est arrondie en dizaines de francs.

CERTIFIÉ par nous (1), *Sous-Lieutenant Pierre, Commandant la S. S. 475*, le présent état montant à la somme de *quinze cent ving francs* pour solde journalière, hautes payes, primes d'alimentatio et indemnités diverses de la troupe pendant la 1re quinzaine d mois de *décembre* 1917.

Aux Armées, le 25 *novembre* 1917.

VÉRIFIÉ :

Le Major,

Le Trésorier,

Vu et VÉRIFIÉ par nous (2), employé à le présent état montant à.......................................

AUGMENTATIONS

PAR SUITE :

1° Des décomptes de libération des revues ;
2° De la rectification des revues ;
3° Des ordres particuliers du Ministre.

NOTA. — On devra détailler chaque article des augmentations.

Pour tout complément de renseignements, voir l'exemple d'état de solde (Troupe) établi pour les unités automobiles de l'armée métropolitaine.

TOTAL...........

DIMINUTIONS

PAR SUITE :

1° Des décomptes de libération des revues;
2° De la rectification des revues ;
3° Des ordres particuliers du Ministre.

NOTA. — On devra détailler chaque article des diminutions.

IL RESTE A MANDATER..........

Montant des sous-délégations de crédit cumulées ....

Nous arrêtons, en conséquence, le présent état à la somm de qu nous mandons à M. , trésorier-payeu général du département d de paye à pour les causes ci-dessus énoncées.

A , le 191 .

Dernier crédit. { Numéro
Date

N°
du registre des mandats.

QUITTANCE.

Nous soussignés, reconnaisson avoir reçu de M. , trésorier-payeur généra la somme de portée a présent mandat.

A , le 19 .

Le *L'Officier d'habillement,* *Le Trésorier,* *Le Capitaine,* *Le Major,* *Le Présiden*

2° Exemple d'établissement d'un état de solde (troupe).

(Voir exemple rédigé B.)

Cet état de solde (troupe) présente, par rapport à ceux déjà étudiés par nous, les particularités suivantes :

1° Sous la rubrique : « *Primes ou indemnités* », marquée (*a*), est fait le calcul de la prime de remplacement d'alimentation; cette prime est uniformément calculée en partant de 2 fr. 52 par jour pour tous grades englobés sous la rubrique : « Troupe ».

2° Sous la rubrique : « *Augmentations* » on a placé la somme de 50 francs, pour parer à la perte au change. Cette majoration n'est d'ailleurs qu'approximative; nous la calculerons plus exactement au moment où nous établirons la feuille de prêt.

D'ailleurs, nous pouvons dès maintenant poser en principe que le change n'est calculé (au point de vue du remboursement de la perte qu'il engendre) que sur la solde et sur les indemnités et hautes payes, à l'exclusion des sommes payées en timbres et des primes d'alimentation.

Comme le décompte de la solde et des hautes payes nous donne approximativement :

13 fr. 80 + 18 fr. 60 + 168 fr. + 15 fr. + 18 fr. + 39 fr.
= 272 fr. 40,

en admettant que l'on perde 9 francs pour 100 francs, on voit que la somme de 50 francs sera plus que suffisante pour parer à cette perte.

Cette façon de procéder n'a d'ailleurs aucune importance, puisque la caractéristique même d'un état de solde (troupe) est d'être un *état de prévision* de dépenses qui, de ce fait, est forcément approximatif, et que le calcul, *en quelque sorte rectificatif, réside dans les feuilles de prêt.*

3° Etablissement d'une feuille de prêt pour une formation de l'armée d'Orient.

(Explications relatives à l'exemple C.)

Nous admettons, naturellement, que le lecteur est au courant de l'établissement d'une feuille de prêt pour les unités automobiles de l'armée métropolitaine.

Nous avons donné, au début de cet ouvrage, les explications nécessaires à ce sujet.

Nous estimons que le lecteur pourra établir très facilement une feuille de prêt relative à l'armée d'Orient dès qu'il aura vu l'exemple C et lu les renseignements complémentaires ci-dessous :

COLONNE 3 (6e et 8e lignes).

Explication du calcul de la solde des brigadiers et soldats.

La solde des brigadiers et soldats est décomptée avec l'indemnité de cherté de vie pour l'armée d'Orient, soit *0 fr. 20* pour les brigadiers et *0 fr. 15* pour les soldats, soit au total : 0 fr. 42+0 fr. 20=0 fr. 62 (brigadiers), et 0 fr. 25+0 fr. 15=0 fr. 40 (soldats).

Comme il y a deux brigadiers et que la feuille de prêt est calculée sur 15 jours, on trouve pour ces gradés (3e colonne, 6e ligne) :

0 fr. 62 × 2 × 15 = 18 fr. 60.

Comme il y a 28 hommes et que la feuille de prêt est calculée sur 15 jours, on trouve pour les soldats (3e colonne, 8e ligne) :

0 fr. 40 × 28 × 15 = 168 francs.

COLONNE 9 (4e ligne).

Explications du calcul de l'indemnité pour l'Orient relative au sous-officier à solde journalière.

Cette indemnité est décomptée en même temps que celle de cherté de vie.

Pour un maréchal des logis, l'indemnité pour l'armée d'Orient est de....................................	1 »
L'indemnité pour cherté de vie est de...........	0 20
Soit au total..	1 20

Comme il n'y a, dans la formation, qu'un seul sous-officier à solde mensuelle et comme la feuille de prêt se rapporte à 15 jours, le calcul de l'indemnité (colonne 9, 4e ligne) sera :

1 fr. 20 × 1 × 15 = 18 francs.

Unités automobiles de l'armée d'Orient : Exemple C.

PRÊT.

MOIS
e novembre 1917.

Corps. { *15e Escadron du Train des C. A.*

Unité. { *Section Sanitaire 475.*

MODÈLE N° 44.

Règlement du 20 mars 1906 sur l'administration des corps de troupe (dispositions générales).

FEUILLE DE PRÊT du 16 *au* 30 novembre 1917 *inclus.*

GRADES.	SOLDES JOURNALIÈRES ET INDEMNITÉS.														TOTAL GÉNÉRAL DES DÉCOMPTES EN DENIERS.
	NOMBRE			PRIMES D'ALIMENTATION.											
				Indemnité représentative de vivres-pain à		Prime fixe d'alimentation à 2 52.		Indemnité pour l'Orient à 1.20.		Indemnité pour l'armée à 0 75.					
	d'hommes présents au 15 *novembre* 1917.	de jours de présence.	DÉCOMPTE EN DENIERS de la solde de présence.	Nombre de jours.	Décompte en deniers.	Nombre de jours.	Décompte en deniers.	Nombre de jours.	Décompte en deniers.	Nombre de jours.	Décompte en deniers.	Nombre de jours.	Décompte en deniers.	TOTAL DES DÉCOMPTES.	
1	2	3	4	5	6	7	8	9	10	11	12	13	14	15	16
Adjudant et assimilé (col. 2)................(1)															
Sergent-major et assimilé, maréchal des logis chef et assimilé (col. 3)... (2)															
Maréchal des logis, maître sellier (col. 4)....... (3)															
Sergent et assimilé, maréchal des logis et assimilé (col. 5)............ (4)	1	15	13 80			15	37 80	15	18 »	15	11 25			67 05	80 85
Caporal fourrier, brigadier fourrier (col. 6)..... (5)															
Caporal, brigadier et assimilé (col. 7)........ (6)	2	30	18 60			30	75 60							75 60	94 20
Maître-ouvrier, maître-pointeur (col. 8).... (7)															
Soldat (col. 9)........ (8)	28	420	168 »				1.058 40							1 058 40	1.426 40
TOTAUX...... (9)			200 40				1.171 80		18 »		11 25				1.401 25

(*a*) Augmentations d'après les mutations du 16 au 30 *novembre* (voir au verso)...	6 »
ENSEMBLE........................	1.407 25
(*b*) Diminutions d'après les mutations du *néant* (voir au verso)....	»
RESTE........................	1.407 25
(*c*) Hautes-payes d'ancienneté (voir au verso) [dont 44 fr. en timbres].........	72 »
TOTAL........................	1.479 25
(*d*) Change sur $200^f 40 + 18^f + 11^f 25 + 6^f + (72^f - 44^f) = \frac{263^f 65 \times 9^f}{91^f} =$	26 »
MONTANT de la feuille de prêt........	1.505 25

CERTIFIÉ par nous, *sous-lieutenant Pierre,* commandant la *S. S.* 475, la présente feuille de prêt, montant à la somme de *mille cinq cent cinq francs* et *vingt-cinq centimes,* dont quittance.

A *K*........, *le* 30 *novembre* 1917.

NOTA. — Pour le calcul de la perte par suite du change, prière de se reporter aux explications du texte.

MUTATIONS du 16 au 30 novembre 1917 *inclus et décompte y relatif.*

NUMÉROS AU CONTRÔLE TRIMESTRIEL.	NOMS (1).	GRADES	MUTATIONS.	SOLDES JOURNALIÈRES ET INDEMNITÉS.															
				NOMBRE DE JOURNÉES														DÉCOMPTE en deniers	
				en augmentation.							en diminution.								
				Solde		Indemnités					Soldes journalières		Indemnités						
				de présence.	d'absence.	à 1f 20 pour Orient					de présence.	d'absence.						en augmentation.	en diminution.
1	2	3	4	5	6	7	8	9	10	11	12	13	14	15	16	17	18	19	20
1.044	Bosc (Léon)......	Mar. des logis.	T. M. 295 du 9 13 nov 1917.			5												6	
(1) Les hommes sont désignés par *leur nombre* dans les corps où la comptabilité est numérique.			TOTAUX...															6	

Hautes payes journalières d'ancienneté.

NOTA. — Les hautes payes mensuelles ne figurent pas dans ce tableau, le payement en étant fait directement aux intéressés par le trésorier.

TAUX DE LA HAUTE PAYE.	NOMBRE				DÉCOMPTE EN DENIERS.	MUTATIONS	NOMBRE DE JOURNÉES.	A PORTER AU DÉCOMPTE ci-contre		
	D'HOMMES		DE JOURNÉES.							
	Sous-officiers.	Caporaux ou soldats.	Sous-officiers	Caporaux ou soldats.		du 16 au 30 *novembre* inclus.		en augmentation.	en diminution.	
21	22	23	24	25	26	27	28	29	30	
					fr. c.			fr. c.	fr. c	
1 »	1 »		15		15 »	Sans mutations.				
0 60		2		30	18 »					
0 20		13		105	39 »					
AUGMENTATION ci-contre.					»					
TOTAL......					72 »					
DIMINUTION ci-contre....					»					
MONTANT du décompte à porter d'autre part..					72 »	dont 44 fr. en timbres. TOTAUX...				

LIGNE (*a*).

Explications relatives aux « augmentations d'après les mutations » (voir au verso du modèle).

Le calcul donnant 6 francs d'augmentation [maréchal des logis Bosc (Léon)] est décompté d'après : 5 journées à 1 fr. 20, représentant l'indemnité supposée due à ce sous-officier pour le laps de temps en question.

A titre documentaire. — L'indemnité pour l'armée d'Orient est due à dater du jour du débarquement en Orient pour tous les grades :

Maréchal des logis : 1 fr. 20;
Brigadiers : 0 fr. 20;
Soldats : 0 fr. 15.

LIGNE (*d*).

Explications relatives au calcul du change.

Le *change* n'est perçu (en récupération de la perte qu'il occasionne) que sur la *solde*, les *indemnités* et les *hautes payes* et *seulement pour les hommes et sous-officiers à solde journalière, cela à l'exclusion des sommes payées en timbres et des primes d'alimentation.*

Nous supposerons que le calcul fait ligne (*d*) correspond à un change de 91 p. 100 perçu.

Dans le calcul entrent :

1° La solde décomptée *colonne 3*, soit........	200	40
2° Les indemnités décomptées *colonne 9*, soit..	18	»
3° L'indemnité décomptée *colonne 11*, soit....	11	25
4° L'indemnité décomptée ligne (*a*), soit......	6	»
5° Les hautes payes (*sous déduction* des sommes payées en timbres, soit 72 fr. — 44 fr.), soit.	28	»

Le total des sommes sur lesquelles le change est perçu sera donc de :

200 fr. 40 + 18 fr. + 11 fr. 25 + 6 fr. + 28 fr. = 263 fr. 65.

Comme le change est à 91 p. 100, ce qui revient à dire

que l'on perd 9 francs pour 100 francs, le calcul à faire est le suivant :

$$\frac{263 \text{ fr. } 65 \times 9}{91} = 26 \text{ francs.}$$

Cette somme de 26 francs équilibre la perte au change. Il est d'ailleurs facile de vérifier que ce calcul est exact de la façon suivante :

Puisque la somme 263 fr. 65 *doit conserver sa valeur intégrale*, malgré la dépréciation du change, il nous suffit de payer : 263 fr. 65 + 26 francs, soit *289 fr. 65*, pour constater que les $\frac{91}{100}$ de cette somme, soit $\frac{289,65 \times 91}{100}$, reproduisent approximativement la valeur 263 fr. 65, qui doit rester sans altération sensible.

TABLE DES MATIÈRES.

Renseignements préliminaires.

PREMIÈRE PARTIE.

Comptabilité - Personnel.

DEUXIÈME PARTIE.

Pièces comptables relatives aux mouvements.

TROISIÈME PARTIE.

Comptabilité en deniers ou comptabilité des fonds.

QUATRIÈME PARTIE.

Comptabilité de l'ordinaire.

CINQUIÈME PARTIE.

Pièces comptables relatives au logement, au cantonnement et au couchage.

SIXIÈME PARTIE.

Comptabilité-matières.

SEPTIÈME PARTIE.

Comptabilité du matériel roulant et comptabilités annexes (essence et ingrédients).

HUITIÈME PARTIE.

Comptabilité trimestrielle et annuelle et renseignements complémentaires (tableau général des pièces périodiques).

NEUVIÈME PARTIE.

Constitution et dissolution d'une unité automobile.

DIXIÈME PARTIE.

ANNEXE.

Paris et Limoges. — Imprimerie militaire CHARLES-LAVAUZELLE.

Livres spécialement édités par la Librairie CHARLES-LAVAUZELLE pour les Automobilistes militaires

Nous ne saurions trop porter l'attention de nos lecteurs *sur la série de livres que nous avons édités spécialement pour les automobilistes militaires.*

Nous croyons utile d'insister sur la réussite complète de ces ouvrages.

Le premier paru (*Aide-mémoire du gradé automobiliste*, tome Ier) a été tiré à 24 éditions effectives en quelques mois. Il a servi à l' « initiation automobile » de près de 13.000 personnes.

Le tome II, paru il y a quelque temps, obtient aussi un très grand succès. (Il est d'un degré supérieur au premier et comprend l'étude de la résolution des problèmes techniques pour les examens. Ces problèmes ne sont pas très difficiles, mais ils ne sauraient s'improviser sans travail préalable.)

L'*Aide-mémoire du gradé automobiliste* est connu non seulement dans l'armée métropolitaine et à l'armée d'Orient, mais aussi dans les armées alliées (Angleterre, Italie, Amérique, Roumanie, etc).

Il a été réclamé sur tous les fronts, et en particulier pour la formation d'automobilistes dans l'Armée roumaine. (Demandé par le Grand Quartier Général roumain, janvier 1917.)

Nous donnons ci-après la bibliographie de ces livres (pour les personnes qu'ils pourraient intéresser) ainsi que l'annonce d'un nouvel ouvrage : Le *Formulia* qui obtient déjà une vogue des plus légitimes.

L'ÉDITEUR.

1er DEGRÉ

Aide-Mémoire du Gradé Automobiliste

(TECHNIQUE, THÉORIQUE ET PRATIQUE)

TOME Ier

PUBLIÉ AVEC L'AUTORISATION DU MINISTÈRE DE LA GUERRE

Par **M. Marcel ASTRUC,** *Ingénieur E. C. P. et A. M., Officier du Service automobile*

25e édition. Volume de 276 pages, relié toile souple, avec 126 figures. **5** »

PLUS MAJORATION TEMPORAIRE DE 20 %.

L'étude que présente sous ce titre M. Marcel Astruc, ingénieur E. C. P. et A. M. et lieutenant du service automobile, est appelée à rendre les plus grands services non seulement aux candidats au *brevet d'aptitude technique automobile*, mais encore à tous les *automobilistes militaires*, qui ne possèdent pas toujours toutes les notions techniques et pratiques dont ils auraient besoin. Il sera très utilement consulté par tous les automobilistes de l'armée, depuis l'élève jusqu'à l'officier, qui voudront se mettre rapidement ou se maintenir au courant des questions techniques concernant l'automobile.

MM. les instructeurs des centres de formation automobile pourront eux-mêmes y puiser de précieuses indications.

L'auteur, ingénieur distingué, s'est attaché à exposer toutes les questions en un style simple, clair, méthodique, et en évitant tout calcul compliqué, de manière à mettre son travail à la portée de tous. Il y a réussi en joignant à ses descriptions des figures nombreuses, épures et croquis, dressés par lui-même avec le plus grand soin et la plus parfaite netteté.

Les attestations et félicitations nombreuses reçues par l'auteur et l'épuisement rapide des 24 premières éditions montrent que l'*Aide-Mémoire du gradé automobiliste* rend de réels services à tous les amis de l'automobile et comble une véritable lacune.

L'extrait sommaire que nous donnons ci-dessous de la table des matières traitées dans les quatorze chapitres de l'*Aide-Mémoire du gradé automobiliste* montrera que l'auteur n'a rien oublié dans son ouvrage qui est véritablement *technique, théorique et pratique* :

E F G H D I J K B C A
Tablier (supposé transparent)
Arrivée d'huile
Tubulure de trop-plein
Réservoir
Huile
Cylindre
Carter
Pompe à engrenages

Schéma d'un dispositif comportant un réservoir, une rampe et une pompe à huile indépendante.

EXTRAIT DE LA TABLE DES MATIÈRES

La marche sur Paris de l'aile droite allemande, par le [illegible] de Saint-A[illegible]. — Ses derniers combats (26 août-4 septembre 1914). — Brochure in-8° avec trois cartes . . . . [illegible]

Aide-mémoire du gradé automobiliste, *technique, théorique et pratique* par M. Astruc, ingénieur, sous-lieutenant du service automobile.

Tome Ier. Volume de 276 pages, relié toile souple, avec 126 figures dessinées par l'auteur (2e édition) . . . . [illegible]

Tome II. Volume de 335 pages, relié toile souple, avec 60 figures (2e édition) 6 50

Aide-mémoire de l'officier d'infanterie en campagne (10e édition, 1916). — Volume de 434 pages, avec figures et planches en couleurs, relié toile . . . . [illegible]

Agenda de l'armée française pour 1918 (31e année). Élégant carnet de poche de 550 pages, fermoir en caoutchouc, couverture toile. 2 »

Couverture capitonnée, tranche et tête dorées 2 50

Manuel de guerre, à l'usage des cadres de compagnies, des chefs de section, des élèves officiers de réserve et des officiers de réserve. *Synthèse des règlements de manœuvre et de service en campagne,* par le commandant Beyler (5e édition). — Volume in-12 de 150 pages 2 50

Ce qu'il faut savoir de l'armée allemande. (2e édition, 1918). — In-12 de 189 pages, avec nombreuses vignettes, 8 planches en couleurs et 1 carte en couleurs hors texte, cartonné . . . . [illegible]

A la Française ! *A B C du commandement de la petite unité.* — Section isolée. Section encadrée. Baïonnette. Fortification. — Brochure in-18 de 104 pages, avec 16 figures 1 25

Sans Trêve ni Merci ! (Guerre de 1914-1916), par Paul de Lenoi[illegible]. — *Sans Trêve ni Merci !* est un véritable manuel d'énergie nationale et de haine patriotique. — Brochure in-18 . . . . 0 60

Guide pratique du sous-officier comptable en campagne, par le sergent-major [illegible]. — Nouvelle réglementation sur les ordinaires, hautes payes de guerre, indemnités de combat. Pécules. — Volume in-12 de 208 pages, avec de nombreux tableaux . . . . 3 »

Vocabulaire français-anglais, par le commandant Assollant, ancien professeur à l'École de guerre. — In-8° cart. de 8[illegible] p., avec deux croquis. 2 »

Memorandum de l'officier payeur, du chef de détachement et de l'officier d'approvisionnement, à l'intérieur et en campagne, par le commandant Chanson. — Vol. in-8 de 292 p. . . . 3 »

La bataille des Flandres, (16 oct.-15 nov. 1914), par Pierre Dauzet. — Préliminaires. Le but et les moyens. La bataille de l'Yser et la bataille d'Ypres. — Volume in-18 de 132 pages, avec une carte en couleurs et deux croquis 2 50

1914-1915 : Histoire de la guerre, par Lucien Cornet, sénateur.

Tome Ier. Volume in-8° de 380 pages 3 50

Tome II. Volume in-8° de 380 pages . . . . [illegible]

Majoration temporaire de 20 %. Décision du Syndicat des Éditeurs, du 5 décembre 1917 (Section Sciences, Médecine, Art militaire).

www.ingramcontent.com/pod-product-compliance
Ingram Content Group UK Ltd.
Pitfield, Milton Keynes, MK11 3LW, UK
UKHW020454200726
13857UKWH00002B/706

9 782012 944916